CAPACITACIÓN

101

LO QUE TODO LÍDER NECESITA SABER

JOHN C. MAXWELL

GRUPO NELSON
Una división de Thomas Nelson Publishers
Desde 1798

NASHVILLE   DALLAS   MÉXICO DF.   RÍO DE JANEIRO

Traducción: *Rolando Cartaya*
Adaptación del diseño al español: *A&W Publishing Electronic Services, Inc.*

ISBN: 978-1-60255-841-0

Impreso en Estados Unidos de América

Contenido

PRÓLOGO DEL EDITOR

Fíjese en las organizaciones más exitosas del mundo y no hallará un solo líder, sino que verá a muchos directivos poderosos laborando juntos para generar su éxito. Esto no sucede por accidente. Las organizaciones más exitosas poseen líderes que equipan a los demás a su alrededor, trátese de un pequeño negocio, una gran corporación, una organización sin fines de lucro o un equipo deportivo. Cuando un líder está dedicado al proceso de equipar a los demás, el nivel de rendimiento dentro de toda la organización se eleva drásticamente.

Fred A. Manske hijo afirmó: «El líder más grandioso es aquel que está dispuesto a entrenar a otros y a desarrollarlos hasta el punto en que, con el tiempo, lleguen a superarle en conocimientos y capacidad». Este libro del doctor John C. Maxwell le ayudará a revelar las capacidades ocultas de sus empleados, enseñándole a equiparles para la excelencia. «El éxito de un líder», dice Maxwell, «puede definirse como la máxima utilización de las capacidades de aquéllos que le rodean». Él debe saber esto, pues es alguien que ha hecho del equipar y el desarrollar a otros, el centro de atención principal en su vida durante más de 20 años.

En este libro conciso, que acompaña a los libros *Relaciones 101*, *Actitud 101* y *Liderazgo 101*, usted se equipará a sí mismo: no sólo aprenderá por qué el equipar a otros para dirigir es el método más poderoso para el éxito, sino que también aprenderá a identificar a los líderes en potencia, a equiparlos y luego a conducirlos a un nivel totalmente nuevo una vez que se les haya dado la oportunidad de dirigir. Este es un proceso que crea sinergía en su organización por mucho tiempo.

PRIMERA PARTE

CAPACITANDO PARA EL ÉXITO

¿POR QUÉ NECESITO
CAPACITAR A OTROS?

Uno es una cifra demasiado pequeña para alcanzar
la grandeza

¿Quiénes son sus héroes personales? Está bien, quizás usted no precisamente tenga héroes. Entonces déjeme hacerle esta otra pregunta: ¿A quiénes admira más? ¿A quién le gustaría parecerse más? ¿Quiénes le entusiasman y le hacen sentirse motivado? ¿Admira usted a…

- Innovadores de negocios como Sam Walton, Fred Smith o Bill Gates?

- Grandes atletas como Michael Jordan, Tiger Woods o Mark McGwire?

- Genios creativos como Pablo Picasso, Buckminster Fuller o Wolfgang Amadeus Mozart?

- Ídolos de la cultura pop como Marilyn Monroe, Andy Warhol o Elvis Presley?

- Líderes espirituales como John Wesley, Billy Graham o la Madre Teresa?

- Líderes políticos como Alejandro Magno, Carlomagno o Winston Churchill?

- Gigantes de la industria del cine como D.W. Griffith, Charlie Chaplin o Steven Spielberg?

- Arquitectos e ingenieros como Frank Lloyd Wright, los hermanos Starret o Joseph Strauss?

- Pensadores revolucionarios como Marie Curie, Thomas Edison o Albert Einstein?

O quizás su lista incluya a personas de algún campo que no he mencionado.

Podemos afirmar sin temor a equivocarnos que todos admiramos a los que han logrado sus propósitos. Y los norteamericanos adoramos especialmente a los pioneros e individualistas audaces, gente que ha luchado sola, a pesar de las probabilidades y la oposición: el colono que labra un sitio para sí en la frontera hostil, el sheriff del Viejo Oeste que se enfrenta resueltamente a un enemigo en un tiroteo, el aviador valiente que vuela solitario a través del Océano Atlántico, y el científico que cambia el mundo por medio del poder de su mente.

El mito del Llanero Solitario

Por más que admiremos los triunfos solitarios, lo cierto es que ningún individuo ha hecho, por sí solo, algo que tenga valor. La creencia de que una sola persona puede hacer algo grandioso no es más que un mito. En realidad, no existen Rambos capaces de enfrentarse solos a un ejército enemigo. Ni siquiera el Llanero Solitario estaba realmente solo ¡Dondequiera que él iba le seguía su compañero, el indio Tonto!

Nunca nada de importancia fue logrado por un individuo que actuara solo. Mire más allá de la superficie y encontrará que todos los actos aparentemente solitarios fueron en realidad esfuerzos de equipo. Daniel Boone, explorador de las fronteras de las 13 colonias norteamericanas, tuvo ayudantes de la Compañía Transylvania mientras abría un camino en comarcas inexploradas. El sheriff Wyatt Earp tenía a sus dos hermanos y a Doc Holliday para que lo cuidaran. El aviador Charles Lindbergh contó con el apoyo de nueve empresarios de San Luis y los servicios de la Compañía Aeronáutica Ryan, que fue la que construyó su aeroplano. Ni siquiera Albert Einstein, el científico que revolucionó al mundo con su teoría de la relatividad, trabajaba en el vacío absoluto. Refiriéndose a lo que le debía a otros por su trabajo, Einstein dijo una vez: «Muchas veces al día me doy cuenta hasta qué punto mi vida exterior e interior se fundamenta en el trabajo de mis semejantes, tanto los que están vivos como los ya muertos, y de todo lo que debo esforzarme para poder aportar tanto como he recibido». Es cierto que la historia de EE.UU. está marcada por los triunfos de muchos líderes fuertes e individuos innovadores que corrieron riesgos considerables. Pero estas personas siempre formaron parte de equipos.

El economista Lester C. Thurow ha comentado lo siguiente sobre el particular:

> En la historia, la cultura o la tradición estadounidenses, no hay nada antitético al trabajo en equipo. Los equipos fueron importantes en la historia de Estados Unidos. Largos trenes conquistaron el Oeste; los obreros de las líneas de montaje de la industria estadounidense conquistaron al mundo; una estrategia nacional exitosa y mucho trabajo en equipo pusieron a un estadounidense en la luna primero (y hasta ahora, ha sido lo último). Sin embargo la mitología del país ensalza sólo al individuo... En Estados Unidos existen salones de la fama para casi cualquier actividad concebible, pero en ninguna parte los norteamericanos levantan monumentos al trabajo en equipo.

Debo decir que no estoy de acuerdo con todas las conclusiones de Thurow pues he visto el monumento conmemorativo a la Infantería de Marina de Estados Unidos en Washington D.C., que conmemora el levantamiento de la bandera en Iwo Jima. Mas Thurow sí tiene razón en algo. El trabajo en equipo es y siempre ha sido esencial para la edificación de este país. Y lo mismo se puede decir de cada nación alrededor del mundo.

Hay un proverbio chino que asevera: «Detrás de todo hombre capaz hay siempre otros hombres capaces». Y la verdad es que el trabajo en equipo se encuentra en el corazón de cualquier gran logro. No hay que preguntarse si los equipos tienen algún valor. Hay que preguntarse si reconocemos esa verdad y nos convertimos en mejores jugadores de equipo. Por eso digo que uno es una cifra demasiado pequeña para alcanzar la grandeza. Usted solo no puede hacer algo de valor auténtico. Si usted toma esto a conciencia, empezará a ver el valor que tiene el equipar y el desarrollar a los jugadores de su equipo.

«DETRÁS DE TODO HOMBRE CAPAZ HAY SIEMPRE OTROS HOMBRES CAPACES». —PROVERBIO CHINO

Le reto a que encuentre un acto significativo para la historia de la humanidad que haya sido realizado por un solo ser humano. Cualquiera que usted nombre, encontrará que en él estuvo involucrado un equipo de personas. Por eso el presidente Lyndon Johnson dijo: «No existe problema alguno que no podamos resolver juntos, y son muy pocos los problemas que podemos resolver por nosotros mismos».

C. Gene Wilkes, en su libro *Jesús acerca del liderazgo*, observó que el poder de los equipos no es sólo evidente en el mundo moderno de los negocios de hoy, sino que tiene una larga historia que es evidente incluso en los tiempos bíblicos. Wilkes señala:

- Los equipos involucran a más personas, así que pueden tener más recursos, ideas y energías que las que aportaría un individuo.

- Los equipos optimizan el potencial de un líder y

minimizan sus debilidades. Las fuerzas y las debilidades están más expuestas en los individuos.

- Los equipos proveen perspectivas múltiples sobre cómo cubrir una necesidad o alcanzar una meta, ideando así varias alternativas para cada situación.

- Los equipos comparten el mérito por las victorias y la culpa por las derrotas. Esto fomenta una humildad genuina y una comunidad auténtica.

- Los equipos piden cuentas a los líderes acerca de las metas.

- Los equipos sencillamente pueden hacer más que un individuo.

Si usted desea realizar su potencial o luchar por lo que parece imposible –tal como comunicar su mensaje al mundo 2,000 años después de haber fallecido– necesitará convertise en un jugador de equipo. Puede ser un cliché, pero sin embargo es verdad:

Los individuos juegan el partido, pero los equipos ganan los campeonatos.

¿POR QUÉ QUEREMOS HACERLO TODO SOLOS?

Conociendo todo lo que sabemos sobre el potencial de los equipos, ¿por qué algunos aún se empeñan en hacer las cosas solos? Creo que hay varias razones:

1. EGO

Pocas personas admiten de buena gana que no pueden hacerlo todo, aunque ésta sea una realidad de la vida. No existen superhombres ni supermujeres. De modo que la pregunta no es si usted puede hacerlo todo por sí solo; sino cuánto se tardará en comprender que no puede.

El filántropo Andrew Carnegie declaró: «Representa un gran paso en su desarrollo llegar a comprender que otras personas pueden ayudarle a hacer un trabajo mejor que el que usted es capaz de hacer solo». Para lograr algo grande de verdad, despójese de su ego, y prepárese a formar parte de un equipo.

2. INSEGURIDAD

En mi trabajo con líderes he encontrado que algunos individuos no promueven la colaboración en equipo ni equipan a los miembros de su equipo para el liderazgo, debido a que se sienten amenazados por otros. El politólogo florentino del siglo XVI Nicolás Maquiavelo probablemente observó algo similar, lo cual le motivó a escribir: «El primer método para evaluar la inteligencia de un líder es observar a los hombres que le rodean».

Creo que es la inseguridad, y no un juicio pobre ni una falta de inteligencia, lo que generalmente hace que los líderes se rodeen de personas débiles. Sólo los líderes seguros de sí mismos delegan poder a otros. Por el contrario, los líderes inseguros no acostumbran crear equipos, lo cual se debe a dos razones: o bien desean mantener el control sobre todo aquello de lo cual son responsables, o temen ser reemplazados por alguien más capaz.

En ambos casos, los líderes que no promueven el trabajo en equipo socavan su propio potencial y erosionan los mejores esfuerzos de quienes trabajan con ellos. Bien podrían aprovechar el consejo del presidente Woodrow Wilson: «No sólo debemos emplear toda la inteligencia que tenemos; sino también toda la que podamos pedir prestada».

«El primer método para evaluar la inteligencia de un líder es observar a los hombres que le rodean».
Nicolás Maquivelo

---

3. Ingenuidad

El consultor John Ghegan mantiene sobre su escritorio un letrero que dice: «Si tuviera que empezar de nuevo, pediría ayuda». Esa idea representa con precisión los sentimientos del tercer tipo de personas que no son capaces de convertirse en formadores de equipos. Ingenuamente subestiman las dificultades que existen para lograr grandes metas. Como resultado, intentan hacerlo todo por sí solos.

Sin embargo, algunas de las personas que comienzan en este grupo acaban bien. Descubren que sus sueños son más grandes que sus capacidades, se dan cuenta de que solos no lograrán sus objetivos, y se adaptan. Entonces hacen que la formación de un equipo sea la manera utilizada para llegar al logro. Sin embargo otros aprenden la verdad demasiado tarde, y como consecuencia nunca logran sus metas, lo cual es una pena.

4. Temperamento

Algunas personas no son muy sociables y simplemente no piensan en términos de formación y preparación de equipos. Al enfrentar retos, nunca se les ocurre recurrir a otros para lograr algo.

Me cuesta trabajo identificarme con eso, pues yo soy muy sociable. Siempre que enfrento cualquier reto, lo primero que hago es pensar a quiénes quiero en mi equipo para que me ayuden. He sido así desde que era un niño. Siempre he pensado: *¿Por qué hacer este viaje solo si puedo invitar a otros para que me acompañen?*

Entiendo que no todo el mundo opera de esta manera, pero que usted esté o no naturalmente inclinado a ser parte de un equipo carece de relevancia. Si lo hace todo solo y nunca se asocia con otros, está creándole barreras enormes a su propio potencial.

El doctor Allan Fromme dijo sarcásticamente: «Se sabe que la gente logra más cuando trabaja con otros que cuando está en contra de ellos». ¡Se quedó corto! Para hacer cualquier cosa de valor perdurable se necesita un equipo. Además, hasta la persona más introvertida del mundo puede aprender a disfrutar de los beneficios que ofrece el formar parte de un equipo. (Eso es verdad incluso aún cuando no estamos tratando de lograr algo grandioso).

Hace algunos años, mi amigo Chuck Swindoll escribió una parte en *The Finishing Touch* (El Toque Final) que resume la importancia del trabajo en equipo. Decía así:

Nadie por sí sólo es un equipo completo… Nos necesitamos unos a otros. Usted necesita a alguien y ese alguien le necesita a usted. No somos islotes aislados. Para hacer que esto que llamamos vida funcione, tenemos que apoyarnos y apoyar; tenemos que relacionarnos y responder; tenemos que dar y tomar; tenemos que confesar y perdonar. Y extender la mano, y abrazar y confiar… Como ninguno de nosotros es una eminencia completa, independiente, autosuficiente, muy capaz y todopoderosa, conviene que dejemos de actuar como si lo fuéramos. La vida ya es bastante solitaria sin que tengamos que interpretar ese papel tonto. Se acabó el juego. Unámonos.

Para la persona que está tratando de hacerlo todo solo, en verdad se acabó el juego. Si usted quiere hacer algo grande, debe unirse a los demás. Uno es una cifra muy pequeña para alcanzar la grandeza.

¿CÓMO PUEDO ADOPTAR UNA MENTALIDAD DE EQUIPO?

Invertir en un equipo es casi como garantizar ganancias considerables por la gestión, debido a que un equipo puede hacer mucho más que un individuo

El es uno de los grandes preparadores de equipos en el mundo deportivo, pero quizás usted nunca ha oído hablar de él. He aquí una lista de sus logros impresionantes:

- Cuarenta temporadas consecutivas en el baloncesto con por lo menos veinte victorias en cada una

- Cinco campeonatos nacionales

- De los últimos 33 años, 20 años ha sido número uno en el *ranking* de su región

- Porcentaje de victorias a lo largo de su vida deportiva: 0.870

Su nombre es Morgan Wooten. ¿Y por qué la mayoría de la gente nunca ha escuchado hablar de él?

¡Porque es entrenador de básquetbol en escuelas secundarias!

Cuando se le pide a la gente que nombre al mejor entrenador de baloncesto de todos los tiempos, la mayoría de los aficionados estadounidenses mencionan uno de estos dos nombres: Red Auerbach o John Wooden, pero ¿sabe usted lo que dice John Wooden de Morgan Wooten (John Wooden es el entrenador de la Universidad de California en Los Angeles, a quien apodan el Mago de Westwood)? Wooden dijo esta valoración con énfasis: «Dicen que Morgan Wooten es el mejor entrenador que existe en las preparatorias de todo el país. Yo no estoy de acuerdo, pues yo no conozco ningún otro entrenador que sea mejor que Wooten y esto a cualquier nivel, sea preparatorio, universitario o profesional. Ya lo he dicho en otras ocasiones y lo volveré a decir: Estoy maravillado por lo que él hace».[1]

Esta es una recomendación bastanate poderosa viniendo de quien ha ganado diez campeonatos nacionales de baloncesto, de la Asociación Nacional Atlética Universitaria (NCAA) y quien ha sido entrenador de algunos de los jugadores más talentosos de este deporte, incluyendo a Kareem Abdul Jabar (por cierto, que cuando Kareem cursaba la preparatoria en Power Memorial Academy, su equipo sólo perdió un partido, ¡y fue cuando jugaron contra el equipo de Morgan Wooten!).

Nunca se propuso ser preparador de equipos

Morgan Wooten nunca planeó ser entrenador. En la preparatoria fue un buen atleta, pero nada especial. Sin embargo, él era

un conversador excelente. De niño su ambición era ser aboga-
do, pero a los 19 años y ya en la universidad, un amigo le con-
venció para que aceptara ser entrenador de béisbol –un juego
del que sabía muy poco– de los niños de un orfanato. El grupo
no contaba con uniformes ni equipo. Y aunque se esforzaron,
los chicos perdieron todos los 16 partidos.

Durante aquella primera temporada, Wooten se enamoró
de esos pequeñuelos. Cuando ellos le pidieron que regresara
para que los entrenara para jugar fútbol americano, no pudo
negarse. Además, él había jugado ese deporte en la preparatoria,
así que sabía un poco del mismo. El equipo del orfanato no su-
frió ningún revés, adjudicándose el campeonato de la CYO
(Organización de la Juventud Católica) en Washington, D.C.
Pero, más importante aún, Wooten empezó a darse cuenta de
que quería invertir su tiempo con los niños, y no en defender
casos en los tribunales.

Incluso, durante aquel primer año pudo ayudar a cambiar la
vida de sus pupilos. El recuerda particularmente a uno que empezó a robar, y la policía lo regresaba al orfanato constantemente. Usando la terminología del béisbol, decía que el muchacho
«ya tenía cantado dos *strikes* y medio». Wooten le advirtió que
iba en camino de tener problemas serios, pero también le aco-
gió bajo su cuidado. Wooten recuerda:

> Empezamos a pasar algún tiempo juntos. Lo llevé a mi casa
> y le encantó la comida que preparaba mi mamá. Pasó se-
> manas con nosotros. Se hizo amigo de mi hermano y de

mis hermanas. Todavía reside en Washington y le va bastante bien, mucha gente lo conoce. Cualquiera se sentiría orgulloso de tener un hijo así. Sin embargo, iba en camino a una vida de delincuencia y prisiones, y quizás hasta algo peor, hasta que alguien le regaló lo mejor que un padre puede regalar a su hijo: su tiempo.

Dar de sí mismo a los miembros de sus equipos es algo que Wooten ha hecho cada año desde entonces. El entrenador de baloncesto de la NCAA Marty Fletcher, un ex jugador y hoy auxiliar de Wooten, resume así el talento de éste: «Su secreto consiste en hacer que cualquiera que esté junto a él se sienta la persona más importante del mundo».[2]

Creando una dinastia

No pasó mucho tiempo cuando Wooten fue invitado a trabajar como entrenador auxiliar en uno de los mejores equipos locales a nivel de escuelas preparatorias. Luego, ya con un par de años de experiencia, se convirtió en el entrenador principal de la preparatoria DeMatha.

Cuando asumió ese puesto en 1956, se estaba haciendo cargo de muchos equipos perdedores. Convocó a todos los alumnos del plantel que quisieran practicar deportes y les dijo:

Amigos, las cosas van a cambiar. Sé que los equipos de DeMatha se han estado desempeñando muy mal en los últimos años, pero eso se acabó. DeMatha va a ganar y vamos a crear una tradición de victoria, desde ahora mismo... Pero déjenme explicarles cómo lo vamos a hacer. Vamos a trabajar más que cualquier otro equipo con el que juguemos... Con mucho trabajo, y disciplina, y dedicación, la gente va a saber de nosotros y nos va a respetar, porque DeMatha va a ser una escuela triunfadora.[3]

Ese año, el equipo de fútbol americano ganó la mitad de sus partidos, lo que ya era un gran logro. Fueron campeones de su división en baloncesto y en béisbol. Los equipos de la escuela han continuado ganando desde entonces. DeMatha ha sido considerada una dinastía desde hace mucho tiempo.

El 13 de octubre del 2000, Wooten fue admitido en el Salón de la Fama del Baloncesto Neismith, en Springfield, estado de Massachusetts. Para entonces, sus equipos habían acumulado un registro de 1.210 victorias y sólo 183 derrotas. A lo largo de los años, más de 250 de sus jugadores han ganado becas universitarias. Doce atletas de sus equipos de preparatoria han jugado luego como profesionales de la Asociación Nacional de Baloncesto (NBA).[4]

NO SE TRATA DE BALONCESTO

Pero lo que más entusiasma a Wooten no son las victorias y honores, sino invertir tiempo en sus muchachos. Él señala:

Los entrenadores, a cualquier nivel, a veces tienen la tendencia de perder de vista su propósito, especialmente después de que el éxito les sonríe. Empiezan a poner la carreta delante de los bueyes para trabajar más y más y así desarrollar sus equipos utilizando a sus muchachos con ese fin, olvidando poco a poco que su verdadero propósito debe ser desarrollar a estos muchachos, utilizando sus equipos para lograrlo.[5]

La actitud de Wooten permite cosechar recompensas no sólo para el equipo, sino también para los individuos que lo integran. Por ejemplo, durante un período de 26 años, todos los atletas de Wooten que terminaron la preparatoria ganaron becas universitarias, y no sólo los jugadores regulares, sino también los jugadores del banco.

Equipar a los miembros de su equipo compensa con el tiempo. Morgan Wooten capacita a sus jugadores porque eso es lo que hay que hacer, porque ellos le importan. Esta práctica ha hecho de sus jugadores unos buenos jugadores, de sus equipos, unos equipos triunfadores y de su carrera, una carrera notoria. Es el primer entrenador de baloncesto que ha ganado 1.200 partidos a cualquier nivel. Desarrollar a los individuos rinde ganancias de todo tipo.

CÓMO INVERTIR EN SU EQUIPO

Creo que la mayoría reconoce que invertir en un equipo reporta beneficios para todos sus miembros. Para la mayoría de la gente, la pregunta no es por qué, sino cómo. Permítame compartir con usted diez pasos a seguir para invertir en su equipo:

He aquí como empezar:

1.Tome la decisión de formar un equipo: aquí empieza su inversión

Se dice que todo viaje comienza con el primer paso. Decidir que vale la pena equipar y desarollar a los miembros de su equipo es el primer paso para formar un mejor equipo. Ello demanda un compromiso.

2. Reúna la mejor selección posible: esto eleva el potencial de su equipo.

A mayor calidad de los integrantes, mayor potencial del equipo. Sólo existe una clase de equipo en el que usted no debería buscar a los mejores jugadores, y del cual usted podría ser parte, y ése es su familia. Con esos compañeros de equipo usted tendrá que cohabitar en las buenas y en las malas, pero cualquier otro tipo de equipo se puede beneficiar del reclutamiento de las mejores personas disponibles.

3. Pague el precio de desarrollar su equipo: esto garantiza su crecimiento

Cuando Morgan Wooten se ofreció a beneficiar al joven que tenía dos *strikes* y medio en su contra, él y su familia tuvieron que pagar un precio por ayudarle. No era conveniente ni cómodo. Les costó energía, dinero y tiempo.

Desarrollar su equipo también le va a costar. Tendrá que dedicarle tiempo que podría ser empleado en su productividad personal. Tendrá que gastar dinero que podría usar para beneficio personal. Y a veces tendrá que poner a un lado sus intereses personales.

4. Hagan cosas juntos como equipo: esto da al equipo un sentido de comunidad

Una vez leí lo siguiente: «Aún si usted ha jugado el partido de su vida, es la sensación de haber trabajado en equipo lo que recordará. Olvidará las jugadas, los tiros, la anotación, pero nunca olvidará a sus compañeros de equipo». Esto describe el sentido de comunidad que se desarrolla entre los miembros de un equipo que pasan tiempo haciendo cosas juntos.

Decidir que vale la pena capacitar y desarollar a los miembros de su equipo es el primer paso para formar un mejor equipo.

La única manera de desarrollar un sentido de comunidad y cohesión entre los miembros de un equipo es reunirlos, no sólo en un ambiente profesional, sino también en otros ambientes más íntimos. Existen muchas formas de estrechar lazos con sus compañeros de equipo, y de estrechar lazos entre ellos mismos. Muchas familias que desean mejorar sus relaciones se han dado cuenta de que ir a campar es lo que los ayuda a obtener este propósito. Los colegas de trabajo pueden socializar fuera del marco de su ocupación (en una forma apropiada). El dónde y el cuándo no son tan importantes como el hecho de que los miembros del equipo compartan experiencias comunes.

5. DELE PODER A LOS MIEMBROS DE SU EQUIPO DELEGANDO RESPONSABILIDADES Y AUTORIDAD: ESTO AYUDA A FORMAR LÍDERES PARA EL EQUIPO

El mayor crecimiento de un individuo suele venir de su experiencia personal en el proceso de experimentación. Cualquier equipo que desee que sus miembros asciendan a un nivel superior de rendimiento –y a niveles superiores de liderazgo– debe delegar responsabilidades y autoridad sobre ellos. Si usted es líder del equipo, no proteja su posición ni acapare su poder. Entréguelos. Es la única forma de dotar de poder a su equipo.

6. DÉ EL MÉRITO A SU EQUIPO POR EL ÉXITO OBTENIDO: ESTO LE LEVANTARÁ LA MORAL AL EQUIPO

Mark Twain dijo: «Puedo vivir dos meses al obtener un buen elogio». Así se siente la mayoría de la gente. Están dispuestos a trabajar duro si reciben un reconocimiento por sus esfuerzos. Elogie a los miembros de su equipo. Déle mérito a sus logros. Y si usted es el líder, asuma la responsabilidad, pero nunca el mérito. Haga esto y su equipo siempre luchará por usted.

«Puedo vivir dos meses al obtener un elogio».
—Mark Twain

7. Observe si la inversión en su equipo deja
ganancias: esto hace que el equipo rinda cuentas

Si usted pone dinero en una inversión, esperará una ganancia, quizás no inmediata, pero sí eventual. ¿Cómo sabrá si está ganando o perdiendo terreno en su inversión? Usted debe prestarle atención y evaluar su progreso.

Lo mismo es verdad cuando se invierte en las personas. Usted necesita observar si obtiene alguna ganancia por el tiempo, la energía y los recursos que está invirtiendo en ellos. Algunas personas se desarrollan rápidamente. Otras reaccionan más lentamente, y eso está bien. El resultado principal que usted desea es ver algún avance.

8. Deje de invertir en jugadores que no se
desarrollan: esto librará al equipo de pérdidas
mayores.

Una de las experiencias más difíciles para cualquier miembro de un equipo es sacar del equipo a otro miembro. Y sin embargo es lo que hay que hacer si alguien rehusa desarrollarse o cambiar para beneficio del grupo. Eso no quiere decir que usted quiera menos a esa persona. Sólo significa que usted no seguirá perdiendo su tiempo invirtiendo en alguien que no puede o no quiere hacer que el equipo sea mejor.

9. CREE NUEVAS OPORTUNIDADES PARA EL EQUIPO: ESTO
PERMITIRÁ QUE EL EQUIPO EXPANDA SUS ESFUERZOS

No hay mayor inversión que usted pueda hacer en un equipo que el proporcionarle nuevas oportunidades. Cuando un equipo se encuentra con la posibilidad de conquistar nuevos territorios o enfrentar nuevos retos, tiene que expandir sus esfuerzos para conseguirlo. Ese proceso no sólo brinda al equipo la oportunidad de desarrollo, sino que beneficia a todos los individuos. Cada quien tiene oportunidad de avanzar hacia la realización de su potencial.

10. PROPORCIONE A SU EQUIPO LA MEJOR OPORTUNIDAD
POSIBLE PARA TRIUNFAR: ESTO GARANTIZA QUE RINDA
GRANDES DIVIDENDOS.

James E. Hunton dice: «Unirse es un comienzo. Mantenerse unidos, es progreso. Trabajar unidos, es éxito». Una de las tareas más esenciales que usted puede emprender es despejar los obstáculos para que su equipo cuente con la mejor oportunidad posible para trabajar con vistas al éxito. Si usted es un miembro del equipo, eso puede significar que tiene que hacer un sacrificio personal o ayudar a otros a trabajar mejor juntos. Si usted es un líder, eso significa que tiene que crear un ambiente cargado de energía para su gente, y tiene que equipar a cada persona con lo que necesita en cada momento para asegurar el éxito.

Invertir en un equipo casi siempre garantiza altos dividendos por el esfuerzo, porque un grupo de personas siempre puede hacer mucho más que un individuo aislado.

O como me dijo Rex Murphy, quien asistió a una de mis conferencias:

«Cuando hay voluntad, hay camino; cuando hay un equipo, hay más de un camino».

Mi inversión y ganancia personal

Una vez que usted ha experimentado lo que significa invertir en su equipo, no podrá dejar de hacerlo nunca. Meditar acerca de mi equipo – sobre cómo ellos aportan valor a mi persona mientras yo aporto valor a su persona– me llena de un gozo abundante. Y mi gozo continúa incrementándose, tal como mi inversión y las ganancias que ellos reportan.

En esta etapa de mi vida, todo lo que hago equivale a un esfuerzo en equipo. Cuando empecé a dar seminarios, hacía de todo. Claro que había otros ayudándome, pero así como hacía mi presentación así también envolvía y enviaba un paquete. Ahora llego y doy mis conferencias. Mi magnífico equipo se ocupa de todo lo demás. Hasta el libro que usted está leyendo fue un esfuerzo de equipo. Yo haría cualquier cosa por los integrantes de mi equipo, porque ellos hacen cualquier cosa por mí:

Mi equipo me hace una persona mejor de la que soy.
Mi equipo multiplica mi valor para otros.
Mi equipo me capacita para hacer mejor lo que hago.
Mi equipo me permite disponer de más tiempo.
Mi equipo me representa donde no puedo estar.

Mi equipo provee la sensación de comunidad para nuestro disfrute.

Mi equipo cumple los deseos de mi corazón.

Si sus experiencias presentes trabajando en equipo no son tan positivas como desearía, entonces es hora de incrementar su nivel de inversión. Formar y equipar a un equipo para el futuro es como desarrollar ahorros financieros. Puede que empiece despacio, pero lo que usted invierta le reportará grandes ganancias, tal como funcionan los intereses acumulados en las finanzas. Inténtelo y se percatará de que invertir en el equipo paga sus dividendos con el tiempo.

CAPACITANDO
A LAS PERSONAS IDÓNEAS

3

¿A QUIÉNES DEBO CAPACITAR?

Los más cercanos al líder determinarán el nivel
de éxito de dicho líder.

Una noche, después de haber estado trabajando hasta tarde, tomé un ejemplar de *Sports Illustrated*, esperando que su lectura me diera sueño, pero sucedió lo contrario. Un anuncio en la contraportada captó mi atención, y me aceleró el pulso. Incluía una foto de John Wooden, el entrenador que condujo durante muchos años a los Bruins de la Universidad de California en Los Ángeles (UCLA). El subtítulo de la foto decía: «El que mete el balón en el aro tiene diez manos».

John Wooden fue un gran entrenador de baloncesto. Apodado el Mago de Westwood, guió a UCLA a la conquista de diez campeonatos nacionales en un período de doce años. Dos campeonatos consecutivos son casi inusitados en el mundo del deporte competitivo, pero él condujo a los Bruins a ganar *siete títulos seguidos*. Para lograrlo se requirió un nivel consistente de juego superior, buen entrenamiento y práctica exigente, pero la clave del éxito de los Bruins fue la dedicación inquebrantable del entrenador Wooden a su concepto del trabajo en equipo.

El sabía que si usted tiene gente a su cargo y desea desarrollar líderes, usted es responsable de: (1) apreciarlos por quienes son; (2) creer que harán lo mejor que puedan; (3) elogiar sus triunfos; y (4) aceptar ante ellos la responsabilidad personal que usted tiene como su líder.

El entrenador de fútbol americano Bear Bryant expresó este mismo sentir cuando declaró: «No soy más que un labriego de Arkansas, pero he aprendido a mantener unido a un equipo, a levantar la moral de un hombre, a tranquilizar a los otros, hasta que al final sus corazones latían al unísono como equipo. Hay sólo tres cosas que siempre digo: "Si algo sale mal, fue mi culpa. Si todo sale regular, fue culpa de todos. Si todo sale realmente bien, el mérito es de ellos". Es todo lo que la gente necesita para que salga a ganar». Bear Bryant ganó partidos, pero ganó también corazones. Hasta hace unos años, conservaba el título de entrenador que más ganaba en la historia del fútbol americano universitario, con 323 victorias.

Los grandes líderes –los que realmente son exitosos y quienes figuran en el uno por ciento que representa a lo mejor de lo mejor– tienen todos una cosa en común: saben que reclutar y conservar gente capaz es la tarea más importante de un líder. Ninguna entidad puede incrementar su productividad ¡pero sus miembros sí pueden! El activo que verdaderamente adquiere valor en una empresa es su personal. Los sistemas se hacen obsoletos. Los inmuebles se deterioran. La maquinaria se desgasta. Sin embargo la gente puede crecer, desarrollarse y tornarse más eficaz si cuenta con un líder que comprenda su valor potencial.

Si usted de veras desea ser un líder de éxito, debe desarrollar y equipar a otros líderes a su alrededor. Debe encontrar la manera en que compartan su visión, la implementen y hagan que el equipo contribuya a ella. Un líder ve el panorama completo, pero necesita que otros líderes le ayuden a convertir esa imagen mental en una realidad.

La mayoría de los líderes tienen seguidores a su alrededor. Creen que la clave del liderazgo es ganar más *seguidores*. Pocos líderes se rodean de otros *líderes*, pero aquéllos que lo hacen aportan considerable valor a su empresa. Y no sólo aligeran su propia carga, sino que su visión es enriquecida y llevada a la práctica .

IMPORTA MUCHO A QUIÉN VA USTED A EQUIPAR

La clave para rodearse de otros líderes es reclutar a la gente más capaz que pueda encontrar, y equiparlos para que se conviertan en los mejores líderes posibles. Los grandes líderes producen a otros líderes. Déjeme explicarle por qué:

LOS MÁS CERCANOS AL LÍDER DETERMINARÁN EL NIVEL DE ÉXITO QUE ÉSTE TENGA

El principio más grandioso del liderazgo que he aprendido en más de treinta años de práctica, es que aquellos más cercanos al líder determinarán el nivel de éxito de éste. También es una realidad la lectura negativa: los más cercanos al líder determinarán su nivel de fracaso. En otras palabras, la gente más cercana a mí o me salva, o me hunde.

Lo que va a determinar un resultado positivo o negativo en mi liderazgo depende de mi capacidad como líder para desarrollar y equipar a aquéllos más cercanos a mí. También depende de mi pericia para reconocer el valor que otros aportan a mi empresa. Mi objetivo no es atraer seguidores que resulten en una multitud pasiva. Mi meta es desarrollar líderes que se conviertan en un movimiento.

Deténgase un momento y piense en las cinco o seis personas más cercanas a usted en su empresa ¿Está usted desarrollándolas? ¿Tiene un plan para su crecimiento personal? ¿Les está equipando adecuadamente para el liderazgo? ¿Han podido ayudarle con su carga?

En mi organización enfatizamos constantemente el desarrollo del liderazgo. En la primera sesión de entrenamiento, inculco este principio a los nuevos líderes: *Como líder potencial usted es o bien una ganancia o una pérdida para la organización.* Ilustro esta verdad explicándola: «Cuando hay un problema, un "incendio" en la empresa, ustedes como líderes suelen ser los primeros en llegar. Llevan consigo dos baldes. Uno contiene agua y el otro gasolina. La "chispa" que está ante ustedes se convertirá en un problema aún más grave si le vacían encima el balde de gasolina, o se extinguirá si le vierten el balde de agua».

Cada persona en su organización lleva asimismo dos baldes consigo. La pregunta que un líder necesita hacerse es: «¿Les estoy entrenando para que usen el agua o para que usen la gasolina?»

EL POTENCIAL DE CRECIMIENTO DE UNA EMPRESA ESTÁ
DIRECTAMENTE RELACIONADO CON EL POTENCIAL DE SU
PERSONAL

Cuando daba conferencias sobre liderazgo, solía hacer este comentario: «Cultive a un líder, y estará cultivando su organización». Una compañía no puede crecer sin un crecimiento interior de sus líderes.

A menudo me sorprende la cantidad de dinero, energías y esfuerzos de mercadeo que las empresas invierten en áreas que no producen crecimiento. ¿Para qué anunciar que el cliente es lo más importante cuando el personal no ha sido entrenado para darle servicio? Cuando los clientes vienen a usted, ellos notarán la diferencia entre un empleado que ha sido entrenado para darle servicio y otro que no lo ha sido. Folletos flamantes y lemas pegajosos nunca podrán compensar un liderazgo incompetente.

En 1981 me convertí en Pastor Principal de la iglesia Skyline Wesleyan en San Diego, California. De 1969 a 1981 esta congregación tuvo un promedio de asistencia de mil personas, y obviamente se había estabilizado ahí. Cuando asumí su dirección, la primera pregunta que hice fue: «¿Por qué hemos dejado de crecer?». Necesitaba hallar una respuesta, así que cité la primera reunión del personal y di una conferencia titulada *La línea del liderazgo*. Mi tesis era: «Los líderes determinan el nivel de una organización».

Tracé una línea en una pizarra y escribí al lado el número 1.000. Compartí con los asistentes que durante trece años la asistencia promedio en Skyline había sido de 1.000 personas. Yo sabía que ellos podían guiar eficazmente a ese número de creyentes. Lo que no sabía era si podrían guiar a 2.000. Así que tracé en la parte superior una línea de puntos, escribí al lado el número 2.000, y coloqué un signo de interrogación entre las dos líneas. Entonces dibujé una flecha ascendente entre las cifras 1.000 y 2.000 y escribí la palabra «cambio».

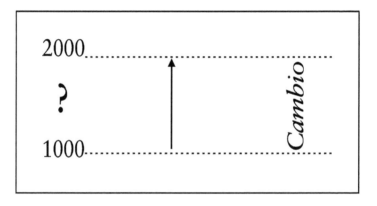

Mi responsabilidad sería equiparlos y ayudarlos a hacer los cambios necesarios para alcanzar nuestra nueva meta. Yo sabía que el crecimiento ocurriría automáticamente cuando los líderes dieran un cambio positivo, pero tenía que ayudarles a cambiar, o de lo contrario tendría que cambiarles literalmente, reemplazándoles.

Entre 1981 y 1995 repetí tres veces la misma conferencia en Skyline. La última vez, la cifra que escribí en la línea superior fue 4.000. Como pude comprobar, las cifras cambiaban, pero no la conferencia. La fuerza de cualquier organización es el resultado directo de la fuerza de sus líderes. Líderes débiles equivalen a organizaciones débiles; líderes fuertes, equivalen a organizaciones fuertes. Todo triunfa y fracasa según el liderazgo.

LOS LÍDERES POTENCIALES AYUDAN A LLEVAR LA CARGA

El empresario Rolland Young dijo: «Soy un hombre que se ha hecho a sí mismo, pero creo que si tuviera que hacerme de nuevo ¡llamaría a alguien!» Es común que los ejecutivos no desarrollen a otros líderes, ya sea porque les falta entrenamiento o porque tienen una actitud recelosa en torno a permitir y alentar a otros para que trabajen junto a ellos. Con frecuencia, los directivos creen erróneamente que deben competir, en lugar de trabajar, con las personas cercanas a ellos. La mentalidad de los grandes líderes es otra: En *Profiles in Courage* (Perfiles de Valor), el Presidente John F. Kennedy escribió: «La mejor manera de avanzar es llevarse bien con los demás». Este tipo de interacción positiva sólo ocurre si el líder tiene una actitud de interdependencia hacia los otros y está comprometido a mantener relaciones en las que todos sus miembros son ganadores.

TODO TRIUNFA Y FRACASA SEGÚN EL LIDERAZGO.

Eche un vistazo a las diferencias entre las dos perspectivas que los líderes poseen acerca de la gente:

GANANDO CON COMPETENCIA	GANANDO CON COOPERACION
Ve a las otras personas como tus enemigos	Ve a las otras personas como tus amigos
Concéntrate en ti mismo	Concéntrate en otros
Vuélvete desconfiado de las personas	Apoya a otros
Gana sólo si eres bueno	Gana si tú o los otros son buenos
El ganar será determinado por tus habilidades	El ganar será determinado por las habilidades de muchos
Un triunfo pequeño	Un triunfo grande
Poco regocijo	Gran regocijo
Hay ganadores y perdedores	Sólo existen ganadores

Peter Drucker estaba en lo cierto cuando dijo: «Nunca ningún ejecutivo ha sufrido por tener subordinados fuertes y eficaces».

Los líderes que me rodean llevan mi carga de muchas maneras. He aquí dos de las más importantes:

1. Se convierten en un portavoz para mí. Como líder, a veces escucho consejos que no quiero escuchar pero que necesito escuchar. Esa es la ventaja de tener líderes en derredor: poder contar con personas que saben cómo tomar decisiones. Los seguidores le dirán lo que usted *desea* escuchar; los líderes, lo que usted *necesita* escuchar.

Siempre he exhortado a aquellos más cercanos a mí a que me aconsejen durante la fase inicial de un proyecto. En otras palabras, una opinión antes de tomar una decisión tiene un valor potencial; una opinión después que la decisión ha sido tomada no tiene valor alguno. Alex Agase, entrenador de fútbol americano en la liga universitaria, dijo una vez: «Si de veras me quieren dar un consejo, háganlo el sábado por la tarde, entre la una y las cuatro, cuando tienen 25 segundos para hacerlo, entre una jugada y la próxima. No me den consejos el lunes. El lunes yo sé lo que tengo que hacer».

«NUNCA NINGÚN EJECUTIVO HA SUFRIDO POR TENER EMPLEADOS FUERTES Y EFICACES». —PETER DRUCKER

---

2. Tienen mentalidad de liderazgo. Compañeros que son líderes, hacen más que trabajar con el líder: piensan como él. Esto les da el poder para aligerar la carga, y resultan inestimables en áreas como la de tomar decisiones, el intercambio de ideas y la dirección y seguridad para otros.

La mayor parte de mi tiempo me la paso fuera de la oficina, hablando en conferencias y eventos. Por lo tanto es esencial que en mi organización haya líderes capaces de realizar el trabajo de una forma efectiva, cuando no estoy presente. Y así lo hacen. Esto ocurre porque he dedicado mi vida a encontrar y desarrollar líderes potenciales. Los resultados son muy gratificantes.

Los líderes atraen a líderes potenciales

Los pájaros de un mismo plumaje vuelan juntos. Realmente creo que hace falta un líder para identificar a otro y cultivarlo. También me he dado cuenta de que se necesita un líder para atraer a otro.

La atracción mutua es el primer paso obvio para equipar a otros; sin embargo, encuentro muchas personas en posiciones de liderazgo que son incapaces de hacer esto. Un buen líder debe ser capaz de atraer a un líder potencial porque:

- Los líderes piensan como él

- Los líderes expresan sentimientos que otros líderes perciben

- Los líderes crean un ambiente que atrae a los líderes en potencia

- Los líderes no se sienten amenazados por personas con un gran potencial

Por ejemplo, una persona en un puesto de liderazgo que es un «5» en una escala del 1 al 10, no atraerá a un líder que es un «9» ¿Por qué? Porque los líderes evalúan naturalmente a cualquiera y emigran hacia otros líderes que tengan un nivel igual o superior al de ellos.

Cualquier líder que sólo tenga a su alrededor seguidores, se verá en la situación de tener que depender constantemente de sus propios recursos para hacer las cosas. Sin otros líderes que lleven la carga, se cansará y se agotará. ¿Se ha preguntado usted alguna vez si está cansado? Si su respuesta es afirmativa, puede que tenga una buena razón para estarlo, como ilustra esta historia humorística:

En algún lugar del mundo hay un país con una población de 220 millones de habitantes. Ochenta y cuatro millones tienen más de 60 años, por lo cual quedan 136 millones para trabajar. Los menores de 20 años suman 95 millones, de modo que quedan 41 millones para trabajar.

Hay 22 millones que son empleados del gobierno, así que sólo 19 millones pueden trabajar. En las Fuerzas Armadas hay cuatro millones, por tanto sólo 15 millones son aptos para el trabajo. Reste 14.800.000 empleados de las oficinas estatales y municipales, y le quedarán 200.000 habitantes para trabajar. Hay 188.000 en los hospitales y manicomios, así que tiene usted para trabajar sólo 12.000.

Es interesante notar que en este país hay 11.998 personas en la cárcel, por lo cual quedan sólo dos para llevar la carga. Esos dos somos usted y yo y, mi hermano, ¡ya me cansé de hacerlo todo yo solo!

Usted necesita desarrollar y equipar a otros líderes a menos de que quiera llevar la carga solo.

Líderes bien equipados expanden y enriquecen el futuro de una organización

Una de las cosas que mi padre me enseñó fue la importancia que tiene el elemento humano en una organización, por encima de todo lo demás. El fue presidente de una universidad durante 16 años. Un día, sentados en un banco del área universitaria, me dijo que los trabajadores que más le costaban a la escuela no eran los mejor pagados, sino los que no producían. Me explicó que desarrollar líderes tomaba tiempo y costaba dinero. Generalmente había que pagarles más, pero constituían un valor inestimable. Atraían a personas de calidad superior; eran más productivos; y continuaban añadiendo valor a la organización. Terminó la conversación diciéndome: «La mayoría de la gente produce sólo cuando tiene ganas. Los líderes producen aún si no tienen ganas».

«La mayoría de la gente produce sólo cuando tiene ganas. Los líderes producen aun si no tienen ganas».
—Melvin Maxwel

Mientras más personas dirige, más líderes necesita

Zig Ziglar, famoso por sus conferencias sobre el éxito, ha dicho: «El éxito consiste en la utilización máxima de la capacidad que usted tiene». Creo que el éxito de un líder puede definirse como *la utilización máxima de las capacidades de sus subalternos*. El empresario y filántropo Andrew Carnegie lo explicó así: «Quisiera que mi epitafio dijera: "Aquí yace un hombre que fue lo bastante sabio como para poner a su servicio a hombres que sabían más que él"». Ese es un objetivo valioso para cualquier líder.

4

¿CÓMO RECONOCER A UN LÍDER EN POTENCIA?

*Los grandes líderes buscan y encuentran a líderes en potencia,
y los transforman en buenos líderes.*

Hay algo que es mucho más importante y escaso que la capacidad, y esto es la capacidad para reconocer la capacidad. Una de las responsabilidades primarias de un líder de éxito es identificar a líderes en potencia. Estos, son personas en quienes usted deseará invertir de su tiempo para capacitarlos. Identificarlos no es siempre una tarea fácil, pero sí es primordial.

Andrew Carnegie era un experto identificando a líderes potenciales. Una vez un reportero le preguntó cómo se las había arreglado para contratar a 43 millonarios. Carnegie respondió que estos empleados no eran millonarios cuando empezaron a trabajar para él, sino que se habían hecho millonarios como resultado de ello. Entonces el reportero quiso saber cómo había desarrollado a estos hombres para que se convirtieran en líderes tan valiosos. Carnegie respondió: «A los hombres se les desarrolla de la misma manera en que se explota una mina de oro. Hay que remover toneladas de tierra para obtener una onza de oro. Aunque usted no entra en la mina en busca de la tierra», añadió, «usted va buscando el oro». Esa es exactamente la manera de desarrollar a personas positivas y exitosas. Busque el oro, no la tierra; lo bueno, no lo malo. Mientras más positivas sean las cualidades que busque, más encontrará.

Cómo seleccionar a los jugadores idóneos

Las organizaciones del deporte profesional reconocen la importancia de seleccionar a los jugadores idóneos. Cada año, entrenadores y propietarios de equipos profesionales de béisbol, baloncesto y fútbol americano esperan con ansias el reclutamiento. A fin de prepararse para éste, las franquicias deportivas invierten mucho tiempo y energía evaluando a los nuevos prospectos. Por ejemplo, los *scouts* (exploradores) de las organizaciones del fútbol americano profesional asisten a los partidos universitarios regulares, a los finales y a los campamentos de entrenamiento para conocer mejor a los jugadores que están considerando reclutar. Todo esto permite a los *scouts* llevarles bastante información a los propietarios de equipos o entrenadores principales, de modo que cuando llegue el día del reclutamiento los equipos puedan contratar a los atletas más prometedores. Propietarios y entrenadores saben que el éxito futuro de sus equipos depende en gran medida de su capacidad para realizar un reclutamiento efectivo.

Lo mismo sucede en los negocios. Usted debe seleccionar a los jugadores idóneos en su organización. Si escoge bien, los beneficios se multiplican y parecen ser casi infinitos. Si hace una selección pobre, serán los problemas los que se multiplicarán y parecerán no tener fin.

La clave de una selección acertada consiste en dos cosas: (1) Su capacidad para ver el panorama completo y (2) su capacidad para juzgar a sus empleados potenciales durante el proceso de selección.

Es conveniente empezar con un inventario. Yo utilizo éste porque siempre me gusta buscar a mis candidatos tanto dentro como fuera de mi empresa:

Evaluación de necesidades	¿Qué se necesita?
Disponibilidad	¿Quién está disponible en mi organización?
Capacidad de los candidatos	¿Quién es capaz?
Actitud de los candidatos	¿Quién tiene la disposición?
Logros de los candidatos	¿Quién hace el trabajo?

Note que el inventario comienza con una evaluación de las necesidades. El líder de la organización debe basar esa apreciación en la vista panorámica. Cuentan que cuando Charlie Grimm dirigía a los Cachorros de Chicago, recibió una llamada telefónica de uno de sus *scouts*. El hombre estaba entusiasmado y empezó a gritar en el teléfono: «¡Charlie, he conseguido al mejor lanzador joven del país! ¡Ponchó a todos los bateadores! ¡Veintisiete consecutivos! ¡Nadie bateó ni siquiera un *foul* hasta la novena entrada! Está aquí conmigo, ¿qué hago?» Charlie replicó: «Contrata al que le pegó el *foul*. Estamos buscando bateadores». Charlie sabía lo que necesitaba su equipo.

Hay una situación que puede imponerse al análisis de las necesidades. Cuando una persona verdaderamente excepcional está disponible, pero no necesariamente se ajusta a las necesidades actuales, aún así haga lo posible por contratarle. A largo plazo, ejercerá un impacto positivo en la institución. Este tipo de decisiones lo vemos en los deportes. Los entrenadores de fútbol americano generalmente reclutan a jugadores que cubren necesidades específicas. Si no tienen un defensa fuerte, contratan al mejor disponible. Pero a veces se les presenta la oportunidad de contratar a un «jugador de impacto», una superestrella que puede cambiar instantáneamente la complexión del equipo. Casualmente los jugadores de impacto suelen poseer no sólo capacidad atlética, sino también habilidad de liderazgo. Aun cuando son novatos, cuentan con todas las cualidades para ser capitanes de equipo. Cuando tengo la oportunidad de contratar a alguien excepcional, a una superestrella, no dudo en hacerlo. Luego le busco un lugar. Los individuos capaces son difíciles de encontrar, y siempre hay espacio en una organización para una persona que sea más productiva.

Cualidades a buscar en un líder

Para encontrar líderes a quienes equipar, usted primero debe saber cómo reconocerlos. He aquí diez cualidades de liderazgo a buscar en cualquier persona que usted contrate:

1. Carácter

Lo primero a buscar en cualquier clase de líder o líder en

potencia es la fortaleza de carácter. Me he dado cuenta de que no conozco nada más importante que esta cualidad. Los defectos graves del carácter no pueden pasarse por alto. A la larga siempre hacen ineficaz a un líder.

No se deben confundir los defectos del carácter con las debilidades. Todos tenemos debilidades pero éstas se pueden superar con el entrenamiento o la experiencia. Los defectos de carácter no se pueden cambiar de la noche a la mañana. Cambiarlos suele tomar un largo período de tiempo, y demanda dedicación por parte del líder y una inversión significativa con respecto a las relaciones. Cualquier persona que usted contrate con defectos de carácter será el eslabón más débil de su organización. Dependiendo de la naturaleza de estas fallas, la persona puede tener el potencial para destruir a la organización.

Algunas de las cualidades que constituyen un buen carácter son: honestidad, integridad, autodisciplina, capacidad de aprendizaje, confiabilidad, perseverancia, conciencia y una ética laboral firme. Lo que una persona de carácter idóneo dice corresponde con lo que hace. Su reputación es sólida. Su estilo, directo.

Evaluar el carácter puede ser difícil. Entre las señales de advertencia a vigilar, se encuentran las siguientes:

- La persona no asume responsabilidad por sus actos o circunstancias

- Promesas u obligaciones no cumplidas

- Incapacidad para cumplir con los plazos

Usted puede inferir mucho sobre la capacidad de alguien para dirigir a otros por la forma en que conduce su vida. Fíjese también en su interacción con los demás. Se puede conocer mucho del carácter de una persona por sus relaciones. Examine cómo se relaciona con sus superiores, colegas y subordinados. Hable con sus empleados para averiguar cómo les trata el líder potencial. Esto le brindará información adicional.

El liderazgo es influencia

---

2. Influencia

El liderazgo es influencia. Todo líder tiene estas dos características: (A) sabe adonde va; y (B) es capaz de persuadir a otros para que le acompañen en el viaje. La influencia en sí misma no basta. Ésta debe ser evaluada para determinar su *calidad*. Cuando estudie la influencia de un líder potencial examine lo siguiente:

¿Cuál es su nivel de influencia? ¿Tiene seguidores esa persona debido a su puesto (utiliza el poder de su posición), a su permisividad (ha desarrollado relaciones motivadoras), a su producción (él y sus seguidores producen resultados de manera consistente), al desarrollo del personal (ha desarrollado a quienes le rodean) o a su preocupación por las personas (trasciende la organización y desarrolla a sus empleados a una escala mundial)?

¿Quién influye en él? ¿A quién sigue? Las personas imitan a

sus modelos ¿Es ético el modelo de este líder potencial? ¿Contempla su modelo las prioridades correctas?

¿En quiénes influye? De la misma manera, la calidad del seguidor indicará la calidad del líder. ¿Son sus seguidores productores positivos o un grupo de mediocres incondicionales?

En *Discipleship for Ordinary People* (Discipulado para la gente común), Stuart Briscoe cuenta que un joven clérigo oficiaba en el funeral de un veterano de guerra. Unos amigos militares del finado querían participar en el servicio para honrar a su camarada, así que le pidieron al joven pastor que les llevara hasta el féretro para tener allí un momento de recuerdos, y que luego les escoltara a una salida lateral. Sin embargo, el plan no tuvo el efecto deseado porque el oficiante les hizo salir por la puerta equivocada. A la vista de los demás dolientes los hombres marcharon con precisión militar hacia dentro de un armario donde había útiles de limpieza, tras lo cual emprendieron una presurosa y confusa retirada. Todo líder debe saber adonde va. Y todo seguidor debería asegurarse de que sigue a un líder que sabe lo que está haciendo.

3. ACTITUD POSITIVA

Una actitud positiva es una de las cualidades más valiosas que una persona puede tener en su vida. Mi convicción acerca de esto es tan fuerte que he escrito un libro entero al respecto, *The Winning Attitude: Your Key to Personal Success* (La actitud victoriosa: su clave para el éxito personal). Con mucha frecuencia, lo que la gente dice que es su problema, en realidad no lo es.

Su verdadero problema es la actitud que les hace manejar los obstáculos de la vida tan mal.

El individuo cuya actitud le permite enfrentarse a la vida desde una perspectiva totalmente positiva, es alguien a quien podríamos definir como una persona sin límites. En otras palabras, esta persona no acepta las limitaciones normales de la vida como lo hace la mayoría de la gente. Al contrario, está decidida a llegar hasta el límite mismo de su potencial, o el de su productividad, antes de aceptar una derrota. La gente con actitud positiva es capaz de ir a lugares a donde otros no van, hacer cosas que otros no pueden hacer y no dejarse restringir por límites autoimpuestos.

Una persona con una actitud positiva es como un abejorro. El abejorro no debería poder volar, porque el tamaño, el peso y la forma de su cuerpo en relación con la envergadura de sus alas hacen que volar sea aerodinámicamente imposible. Aún así esta criatura, siendo ignorante de las teorías científicas, vuela y fabrica su miel todos los días.

Esta mentalidad sin límites permite que uno comience cada día con una disposición positiva, como un operador de un ascensor sobre el cual leí una vez. Un lunes por la mañana, en un ascensor lleno, el hombre comenzó a tararear una melodía. Un pasajero irritado por su aparente contento inquirió: «¿Por qué está tan alegre?» «¿Sabe, señor?», respondió el operador del ascensor sin cambiar su tono jovial, «nunca había vivido el día de hoy». Cuando tenemos la actitud apropiada, no sólo el futuro luce resplandeciente sino que también disfrutamos más el presente. La persona positiva comprende que podemos disfrutar tanto del viaje como del destino.

Considere la actitud de esta manera:

Es el heraldo de nuestro verdadero yo.

Sus raíces van por dentro, pero el fruto está por fuera.

Es nuestra mejor amiga o nuestra peor enemiga.

Es más honesta y consistente que nuestras palabras.

Es una mirada al mundo exterior basada en experiencias pasadas.

Es algo que atrae o repele a las personas.

Nunca está satisfecha hasta que es expresada.

Es bibliotecaria de nuestro pasado.

Es portavoz de nuestro presente.

Es profeta de nuestro futuro.[1]

La actitud fija el tono, no sólo para el líder que la tiene, sino también para aquéllos que le siguen.

4. EXCELENTE HABILIDAD PARA TRATAR CON LAS PERSONAS

Un líder sin habilidad para tratar con las personas pronto se quedará sin seguidores. Cuentan que el líder fantástico Andrew Carnegie, pagaba a Charles Schwab un salario de un millón de dólares al año sólo por su excelente capacidad para tratar con la gente. Carnegie contaba con otros líderes que comprendían mejor el trabajo y cuya experiencia y entrenamiento eran más idóneos para el mismo; pero les faltaba la calidad humana esencial de ser capaces de lograr que otros les ayudaran, mientras que Schwab sacaba lo mejor de sus colegas. Puede que la gente admire a alguien que solo tiene talento y habilidad, pero no lo seguirán, y si lo hacen no será por mucho tiempo.

Una habilidad excelente para tratar con las personas debe incluir una preocupación genuina por los demás, una capacidad para comprenderlos, y la decisión de hacer de la interacción positiva con otros, un objetivo primario. Nuestra conducta hacia los demás determina la conducta de ellos hacia nosotros. Y eso es algo que un líder de éxito sabe.

5. Dones evidentes

Todos los seres humanos creados por Dios tienen dones. Una de nuestras obligaciones como líderes es hacer una evaluación de esos dones cuando consideramos a alguien para emplearle o equiparle. Para mí cada candidato es como un aspirante a líder. He observado que existen cuatro tipos de aspirantes:

Nunca será. Algunas personas sencillamente carecen de la capacidad para hacer un trabajo dado. Ellos simplemente no tienen el don para esa tarea en particular. Cuando se envía a un *nunca será* a un área para la cual no fue dotado, se frustra, a menudo culpa a otros por su fracaso y termina agotado. Si se le reorienta, tendrá la oportunidad de realizar su potencial.

Podría ser. Un *podría ser* es una persona con capacidades y dones adecuados, pero carece de autodisciplina. Hasta podría poseer capacidades superestelares, pero no es capaz de obligarse a ejecutar. Este tipo de persona necesita desarrollar su autodisciplina para «simplemente hacerlo».

Debe ser. Un *debe ser* es alguien con talento nato (dones), pero con poca habilidad para aprovechar su capacidad. Necesita un entrenamiento. Una vez que se le ayuda a desarrollar esas habilidades, comienza a convertirse en la persona que debe ser.

Tiene que ser. Lo único que le falta a un *tiene que ser* es la oportunidad. Tiene las habilidades y los dones necesarios, así como la actitud idónea. Posee el impulso para ser la persona que debe ser. A usted le corresponde convertirse en el líder que le dé esa oportunidad. Y si usted no lo hace, ella misma encontrará quien le dé esa oportunidad.

Dios crea a todos los seres humanos con dones naturales, pero también los fabrica con dos extremos: uno para sentarse y otro para pensar. El éxito en la vida depende de cuál de ellos usamos más, y es como echar suertes con una moneda: ¡La cabeza gana! ¡La cola pierde!

6. Una trayectoria verificable.

El poeta Archibald MacLeish dijo una vez: «Sólo hay una cosa más dolorosa que aprender de la experiencia, y es no aprender de ella». Los líderes que aprenden de este axioma con el tiempo desarrollan una trayectoria de éxitos. Todo el que se aventura en terreno inexplorado, o se esfuerza por lograr algo, comete errores. Las personas sin una trayectoria verificable o bien, no han aprendido de sus errores o ni siquiera han intentado.

He trabajado con muchas personas talentosas que han establecido magníficas trayectorias. Cuando fundé mi empresa, Dick Peterson descolló como un lider de primera, capaz de un liderazgo de la mejor calidad. El había trabajado varios años con IBM, y pronto demostró que no había desperdiciado esa experiencia. Dick tenía una trayectoria verificable cuando le pedí que se uniera a mí en 1985 para fundar INJOY, una de mis compañías. Al principio nos sobraba potencial y nos faltaban recursos. El arduo trabajo, la planificación y los conocimientos de Dick convirtieron un pequeño negocio, alojado en un garaje, en una empresa que cada año produce materiales e influye sobre decenas de miles de líderes a nivel nacional e internacional. Dick fue presidente de INJOY durante quince años y cómo contribuyó al despegue de la compañía.

El experto en administración de empresas Robert Townsend apunta: «Los líderes vienen en todo tamaño, edad, forma y condición. Algunos son malos administradores, otros no son muy brillantes, pero hay una clave para identificarlos. Como la mayoría de la gente es mediocre *per se*, es posible reconocer al verdadero líder, porque de uno u otro modo sus subordinados entregan, de manera consistente, un rendimiento superior». Siempre verifique el desempeño anterior de un candidato. Un líder comprobado, siempre tiene una trayectoria verificable.

7. Confianza

La gente no sigue a un líder que no tiene confianza en sí mismo. De hecho, la gente se siente naturalmente atraída por las personas que inspiran confianza. Un ejemplo excelente de esto lo podemos ver en un incidente que ocurrió en Rusia durante un intento de golpe de estado. Los tanques del ejército habían rodeado el edificio del gobierno donde se encontraban el presidente Boris Yeltsin y sus simpatizantes a favor de la democracia. Jefes militares de alto rango habían ordenado al comandante de los blindados que abriera fuego contra Yeltsin. Mientras las unidades del ejército tomaban posiciones, el presidente salió del edificio, se subió a un tanque, miró cara a cara al comandante y le dio las gracias por pasarse al bando de la democracia. Más tarde el oficial admitió que ellos no habían tenido ninguna intención de hacer tal cosa. Yeltsin se había mostrado tan confiado e imponente que cuando se marchó los soldados hablaron al respecto y decidieron unirse a él.

La confianza es característica de una actitud positiva. Los grandes triunfadores y grandes líderes mantienen la autoconfianza sin importar las circunstancias. La confianza no es sólo para exhibirla, sino que nos da poder. Un *buen* líder tiene la capacidad de infundir a su gente la confianza que él tiene en sí mismo. Un *gran* líder tiene la capacidad de infundir a su gente confianza en sí mismos.

8. Autodisciplina

Los grandes líderes siempre son autodisciplinados, sin excepción. Desafortunadamente, nuestra sociedad procura una gratificación instantánea en lugar de la autodisciplina.

Queremos desayuno instantáneo, comidas rápidas, películas a la orden y efectivo al momento en los cajeros automáticos, pero el éxito nunca es instantáneo. Ni tampoco la capacidad para dirigir. Como dijera el General Dwight D. Eisenhower: «No existen victorias a precio de liquidación».

Debido a que vivimos en una sociedad orientada a la gratificación instantánea, no podemos suponer que los líderes en potencia que entrevistamos, tendrán autodisciplina, que estarán dispuestos a pagar el precio de un gran liderazgo. En lo que respecta a la autodisciplina, la gente elige una de estas dos opciones: la pena de una disciplina conquistada con sacrificio y cultivo, o la pena del arrepentimiento que resulta por tomar el camino más fácil y desperdiciar oportunidades. Cada persona hace sus elecciones en la vida. En *Adventures of Achievement* (Aventuras de triunfo), E. James Rohn señala que las penas de la disciplina pesan unos gramos, mientras que las penas del arrepentimiento pesan toneladas.

Existen dos áreas en la autodisciplina que debemos buscar en los líderes potenciales a quienes consideramos equipar. La primera tiene que ver con las emociones. Los líderes eficaces reconocen que sus reacciones emotivas son responsabilidad suya. Un líder que decide no permitir que los actos de otros dicten sus reacciones, experimenta una libertad que se traduce en poder. Como dijera el filósofo griego Epícteto: «Ninguno es libre si no es amo de sí mismo».

La segunda área se relaciona con el tiempo. Cada ser humano del planeta cuenta con el mismo número de minutos cada día, pero el nivel de autodisciplina de cada uno determina con cuánta efectividad se utilizan esos minutos. Las personas disciplinadas siempre están en crecimiento, siempre están esforzándose por mejorar, y optimizan el uso de su tiempo. He encontrado tres características de los líderes disciplinados:

- Tienen metas personales específicas y bien definidas a corto y largo plazo.

- Tienen un plan para lograr esas metas

- Tienen un deseo que les motiva a continuar trabajando para conseguir esas metas

El progreso personal tiene un precio. Cuando entreviste a un líder potencial, determine si éste está dispuesto a pagar. El autor de la popular tira cómica *Ziggy* lo reconoció cuando dibujó la siguiente escena:

Mientras va manejando su pequeño automóvil, nuestro amigo Ziggy se encuentra en el camino dos señalamientos de tránsito. El primero, escrito en negritas, dice: «CAMINO AL ÉXITO». Más adelante aparece el segundo señalamiento, que advierte: «PREPÁRESE A PAGAR PEAJE.»

9. CAPACIDADES DE COMUNICACIÓN EFECTIVAS

Nunca subestime la importancia de la comunicación. Ésta consume una enorme cantidad de nuestro tiempo. Un estudio citado por D.K. Burlow en *The Process of Communication* (El proceso de la comunicación) concluye que el estadounidense promedio invierte cada día 70 por ciento de sus horas activas comunicándose verbalmente; un líder no puede presentar su visión de manera efectiva, ni instar a sus subordinados a realizarla, si éste no tiene la capacidad de poder comunicarse.

Las capacidades de un líder para inspirar confianza y para comunicarse efectivamente son semejantes. Ambas requieren acción de su parte y reacción de quienes le siguen. La comunicación es una *interacción* positiva, y puede ser cómica cuando sólo una parte se está comunicando. Quizás usted conoce el cuento del juez frustrado que se prepara a juzgar un caso de divorcio:

«¿Por qué quiere divorciarse?», pregunta el juez. «¿En qué se basa?»

«Tenemos cuatro hectáreas de terreno», responde la mujer.

«No, no», dice el juez. «Pregunto si tiene usted alguna queja?»

«Sí, su señoría, caben dos autos».

«Necesito una razón para el divorcio», replica impaciente el juez. «¿Él le maltrata?»

«Oh, no, yo me levanto a las seis y me voy a hacer mis ejercicios. Él se levanta más tarde».

«¡Por favor!», dice el juez exasperado, «¿Cuál es la razón por la que quiere divorciarse?»

«Oh», contesta ella. «Parece que no nos podemos comunicar».

Cuando examino la capacidad que tiene un líder potencial para comunicarse, busco lo siguiente:

Un interés genuino en la persona con quien está hablando. Cuando alguien percibe que usted se interesa por él, él a su vez se muestra dispuesto a escuchar lo que usted tiene que decir. El tener simpatía por la gente es el principio de la capacidad de comunicación.

Capacidad para concentrarse en el interlocutor. Los malos comunicadores se concentran en sí mismos y en sus propias opiniones. Los buenos comunicadores se concentran en la reacción de su interlocutor. Además, saben interpretar el lenguaje de los gestos.

Capacidad para comunicarse con cualquier tipo de persona. Un buen comunicador tiene la capacidad para hacer sentir cómoda a una persona. Puede hallar la manera de identificarse con casi cualquiera, independientemente de su historial.

Contacto visual con su interlocutor. La mayoría de las personas que le dicen la verdad están dispuestas a mirarle cara a cara.

Sonrisa cálida. La vía más rápida para abrir las líneas de comunicación es sonreir. Una sonrisa puede superar innumerables barreras en la comunicación, cruzando las fronteras de cultura, raza, edad, clase, género, educación y estatus económico.

Si espero que una persona pueda dirigir, también debo esperar que sea capaz de comunicarse.

10. Descontento con el status quo

Suelo decir a mi personal que *status quo* significa en latín «el lío en que estamos metidos». Los líderes ven lo que es, pero, lo

que es más importante, ven lo que puede ser. Nunca se conten-
tan con las cosas como están. Liderar significa por definición estar a la vanguardia, aventurarse en terreno virgen, conquistar
nuevos mundos, alejarse del *status quo*. Donna Harrison señala:
«Los grandes líderes nunca están satisfechos con los niveles de
rendimiento actuales. Constantemente se esfuerzan por alcanzar niveles más y más altos». Ellos trascienden el *status quo*, y
exigen lo mismo de quienes les rodean.

El no estar satisfecho con el *status quo* no significa que se tiene una actitud negativa ni que se anda refunfuñando sino que
tiene que ver con la disposición a ser diferente y a correr riesgos.
Quien rehúsa arriesgarse a cambiar no se desarrolla. Un líder
que ama el *status quo* pronto se convierte en un seguidor. Ray-
mond Smith, ex ejecutivo principal y presidente de la junta directiva de la corporación Bell Atlantic, dijo una vez: «Puede que
tomar el camino seguro, cumplir con su trabajo y no hacer olas
evite que lo despidan (al menos por un tiempo) pero seguro que
a la larga esto no hará mucho por su carrera o su compañía. No
somos tan tontos. Sabemos que es fácil encontrar administradores, y que sale barato conservarlos, pero los líderes –los que
corren riesgos– escasean. Y los que tienen una visión, son oro
puro».

Para las personas que se sienten más cómodas con los problemas viejos que con las soluciones nuevas, el riesgo les parece
peligroso. La diferencia entre la energía y el tiempo que consume lidiar con los problemas viejos y la energía y el tiempo que
toma hallar soluciones nuevas, es sorprendentemente pequeña.

Estriba en la actitud. Al buscar líderes potenciales busque a personas dispuestas a hallar soluciones.

Los buenos líderes buscan deliberadamente, y encuentran, a líderes en potencia. Los grandes líderes no sólo los encuentran, sino que los convierten en otros grandes líderes. Tienen capacidad para reconocer la capacidad, y la estrategia para encontrar líderes que hagan que las cosas sucedan. Eso es lo que lleva a sus organizaciones a ascender al siguiente nivel.

5

¿QUÉ SE NECESITA PARA CAPACITAR A UN LÍDER?

Equipar, como criar, es un proceso paulatino.

Equipar es similar a entrenar, pero prefiero el término «equipar» porque describe más exactamente el proceso por el cual deben pasar los líderes potenciales. El entrenamiento se centra generalmente en tareas específicas de un trabajo; por ejemplo, usted entrena a una persona para que use una copiadora o para que conteste el teléfono de una forma específica. El entrenamiento es sólo una parte del proceso de equipamiento que prepara a alguien para el liderazgo.

Cuando pienso en equipar a un líder potencial, estoy pensando en preparar a un inexperto para que escale la cumbre de una montaña alta. Su preparación es un proceso. Ciertamente, necesita ir equipado con indumentaria para clima frío, cuerdas, piquetas y zapatos especiales. También necesita que le entrenen para saber cómo usar ese equipo.

Sin embargo, la preparación de un alpinista, implica aún mucho más que el simple hecho de llevar el equipo correcto y saber usarlo. La persona debe estar físicamente en forma, a fin de estar lista para la difícil subida. Se le debe entrenar para formar parte de un equipo. Y lo que es más importante, debe enseñársele a *pensar* como escalador. Necesita poder mirar una cumbre y *visualizar* cómo la debe conquistar. Sin haber pasado por el proceso completo de equipamiento, no sólo no llegará a la cima, sino que podría encontrarse varado en una ladera, congelándose hasta morir.

El equipar como el criar es un proceso paulatino. Usted no equipa a una persona en unas horas ni en un día. Y tampoco puede hacerse usando una fórmula ni una videocinta. El equipamiento hay que hacerlo a la medida de cada líder potencial.

Equipar es un proceso paulatino.

Su papel como la persona que equipa

La persona ideal para equipar es una que puede impartir la visión del trabajo, evaluar al líder potencial, darle las herramientas que necesita y luego ayudarle sobre la marcha al principio de su viaje.

La persona que equipa es un *modelo*; un líder que hace el trabajo, lo hace bien, lo hace correctamente y lo hace con consistencia.

La persona que equipa es un *mentor*, un asesor que tiene la visión de la organización y puede comunicársela a otros. Tiene experiencia de la cual se puede aprender.

La persona que equipa *imparte poder*, puede infundir al líder potencial el deseo y la capacidad de hacer el trabajo. Es capaz de dirigir, enseñar y evaluar el progreso de la persona que es equipada.

Los siguientes pasos le llevarán a través del proceso completo. Se empieza por establecer una relación con sus líderes potenciales. Sobre ese cimiento, usted puede erigir un programa para el desarrollo de estos, supervisar su progreso, darles poder para hacer el trabajo, y por último asegurar que transmitan el legado.

DESARROLLE UNA RELACIÓN PERSONAL CON AQUÉLLOS A QUIENES EQUIPA.

Toda buena relación entre un mentor y sus discípulos comienza con una relación personal. En la medida en que su gente aprenda a conocerle y a quererle, su deseo de seguir su guía y aprender de usted se incrementará. Si no les agrada, no querrán aprender de usted, y el proceso de equipamiento se hará lento o se detendrá.

Para estrechar relaciones, comience por escuchar los relatos de la vida de las personas, cómo ha sido su jornada hasta el momento. Un interés genuino de su parte significará mucho para ellos. Y también le ayudará a usted a conocer los puntos personales fuertes y débiles de ellos. Pregúnteles sobre sus metas y lo que les motiva. Determine qué tipo de temperamento tienen. Si usted primero encuentra sus corazones, ellos le darán gustosos sus manos.

TODA BUENA RELACIÓN ENTRE UN MENTOR Y SUS DISCÍPULOS COMIENZA CON UNA RELACIÓN PERSONAL.

Comparta su sueño

Mientras empieza a conocer a sus discípulos, comparta su sueño.

Esto les ayudará a conocerle y a saber hacia dónde va. No existe ningún otro acto que les muestre mejor a ellos su corazón y sus motivaciones.

El presidente Woodrow Wilson dijo una vez: «Crecemos por sueños. Todos los grandes individuos son soñadores. Ven cosas en la suave bruma de un día primaveral, o en el fuego crepitante de una larga noche de invierno. Algunos de nosotros dejamos morir esos grandes sueños, pero otros los amamantan y los protegen: los mantienen vivos en tiempos difíciles hasta que los revelan al calor y la luz del sol que siempre llega para quienes esperan sinceramente que sus sueños se hagan realidad». A menudo me he preguntado «¿Es la persona quien hace al sueño o es el sueño el que hace a la persona?». Mi conclusión es que ambas cosas son igualmente ciertas. Todo *buen* líder tiene un sueño. Todo *gran* líder comparte su sueño con otros que pueden ayudarle a hacerlo realidad. Como sugiere Florence Littauer, debemos:

Atrevernos a soñar:	Tener el deseo de hacer algo mayor que nosotros.
Preparar el sueño:	Haga su tarea, esté listo para cuando llegue la oportunidad.
Vestirnos con el sueño:	Hágalo.
Compartir el sueño:	Haga a otros parte de su sueño y se volverá mayor de lo que esperaba.

PIDA QUE SE COMPROMETAN

En su libro *The One Minute Manager* (El gerente en un minuto), Ken Blanchard dice: «Hay una diferencia entre interés y compromiso. Cuando usted está interesado en hacer algo, lo hace sólo cuando le conviene. Cuando está comprometido con algo, no acepta excusas». No equipe a personas que sólo están interesadas. Equipe a las que están comprometidas.

Para determinar si su gente está comprometida, primero debe estar seguro de que ellos saben lo que les costará convertirse en líderes. Esto significa que usted debe cuidarse de no subestimar el trabajo. Hágales saber lo que será necesario que hagan. Si no se comprometen, no continúe con el proceso de equipamiento. No pierda su tiempo.

FIJE METAS PARA EL CRECIMIENTO

Para que la gente logre algo de valor, necesita ver objetivos claramente establecidos. El éxito nunca llega de manera instantánea. Llega al cabo de dar muchos pasos pequeños. Un conjunto de metas se convierte en un mapa que un líder potencial puede seguir con el propósito de crecer.

Como dice Shad Helmsetter en *You Can Excel in Times of Change* (Usted puede lograr la excelencia en tiempos de cambio) «es la meta lo que da forma al plan; es el plan el que determina la acción; es la acción la que logra el resultado; y es el resultado el que trae el éxito. Y todo comienza con la sencilla palabra *meta*». Nosotros como líderes que equipamos, debemos familiarizar a nuestra gente con la práctica de fijarse metas y lograrlas.

Cuando ayude a su gente a trazarse metas, utilice las siguientes pautas:

Fije metas apropiadas. Tenga siempre presente la tarea que quiere que sus discípulos hagan, y el resultado deseado: el desarrollo de ellos como líderes eficaces. Identifique metas que contribuyan al objetivo mayor.

Fije metas alcanzables. Nada hará a la gente querer renunciar más rápido que el enfrentar metas imposibles. Me gusta el comentario de Ian MacGregor, ex presidente de la junta directiva de la corporación AMAX: «Yo trabajo con los mismos principios de quienes entrenan a los caballos (para equitación). Se empieza con vallas bajas, objetivos que se consiguen fácilmente, y luego va dificultándose. En la administración de empresas es importante no exigir nunca a la gente metas que no puedan aceptar».

Fije metas mensurables. Sus líderes en potencia nunca sabrán si han cumplido sus metas si éstas no pueden medirse. Cuando son mensurables, el saber que han sido alcanzadas les dará una sensación de misión cumplida. También les dará libertad para poder reemplazarlas con metas nuevas.

Defina las metas claramente. Cuando las metas no tienen un enfoque definido, tampoco lo tendrán las acciones de quienes están encargados de cumplirlas.

Haga que las metas demanden un «extra». Como he mencionado antes, las metas tienen que ser alcanzables. Por otra parte, cuando no exigen un esfuerzo extra, quienes las cumplen no crecerán. El líder debe conocer a sus subordinados lo bastante bien como para identificar objetivos alcanzables que requieran un «extra».

Ponga las metas por escrito. Cuando la gente escribe sus metas son más responsables por ellas. Un estudio que hicieron los graduados de una clase de la Universidad de Yale mostró que el pequeño porcentaje de graduados que había puesto por escrito sus metas, logró más que todos los demás graduados juntos. Escribir las metas funciona.

COMUNIQUE LOS FUNDAMENTOS

Para que sus subordinados sean productivos y se sientan profesionalmente satisfechos, tienen que saber cuáles son sus responsabilidades fundamentales. Parece sencillo, pero Peter Drucker señala, que uno de los problemas críticos en los centros de trabajo actuales es la falta de entendimiento entre empleador y empleado en cuanto a lo que se supone que éste último debe hacer. Con frecuencia se hace sentir a los empleados que ellos son vagamente responsables de todo. Esto los paraliza. En vez de esto, necesitamos aclararles de qué *son* y de qué *no son* responsables. Sólo entonces podrán concentrar sus esfuerzos en lo que queremos, y ellos tendrán éxito.

Volvamos a la mecánica de un equipo de baloncesto. Cada uno de los cinco jugadores tiene una tarea específica. Hay un escolta atacante cuya misión es anotar. El trabajo del otro escolta es pasar el balón a quienes están en posición de anotar. Uno de los jugadores está encargado de coger los rebotes; el otro, de anotar. Y se supone que el pivot captura rebotes, bloquea tiros y anota. Cada miembro sabe cuál es su función, cuál debe ser su contribución particular al equipo. Cuando cada uno se concentra en sus responsabilidades específicas, el equipo puede ganar.

Por último, un líder debe comunicar a su gente que su trabajo es valioso para la organización y para el líder individual. Para el empleado éste suele ser el más importante de todos los fundamentos.

Ponga en práctica los cinco pasos del entrenamiento

Parte del proceso de equipamiento incluye enseñar a los subordinados a hacer las tareas específicas de los trabajos que van a realizar. El enfoque que el líder adopte hacia el entrenamiento determinará en gran medida el éxito o el fracaso del personal. Si su enfoque es seco y académico, los líderes potenciales recordarán poco de lo que se les enseñe.

El mejor tipo de adiestramiento es el que aprovecha la manera en que la gente aprende. Los investigadores nos dicen que recordamos 10 por ciento de lo que oímos, 50 por ciento de lo que vemos, 70 por ciento de lo que decimos y 90 por ciento de lo que oímos, vemos, decimos y hacemos.

Sabiendo esto, tenemos que desarrollar un enfoque en cuanto a cómo impartiremos el entrenamiento. Yo me he dado cuenta de que el mejor método consiste en un proceso de cinco pasos:

Paso 1: Yo modelo. El proceso se inicia conmigo efectuando las tareas mientras las personas que reciben el entrenamiento observan. Cuando hago esto, trato de proporcionarles la oportunidad de que me vean a través de todo el proceso.

Paso 2: Yo instruyo. Durante este siguiente paso, continúo ejecutando la tarea, pero esta vez la persona a quien estoy entrenando me ayuda en el proceso. También me doy algún tiempo para explicar no sólo el *cómo*, sino el *porqué* de cada paso.

Paso 3: Yo superviso. Esta vez cambiamos de lugar. El aprendiz realiza la tarea y yo le ayudo y le corrijo. Es especialmente importante ser positivo y estimular al alumno durante esta fase. Eso le obliga a seguir intentándolo y le lleva a desear mejorar en lugar de rendirse. Trabaje con él hasta que desarrolle una consistencia. Una vez que ha asimilado el proceso, pídale que se lo explique. Esto le ayudará a entenderlo y recordarlo.

Paso 4: Yo motivo. En este punto me retiro de la tarea y dejo que el aprendiz la continúe. Mi función es asegurarme de que sabe hacerla sin ayuda y seguir alentándole para que continúe mejorando. Es importante que esté con él hasta que perciba que ya lo sabe hacer. Esto proporciona una gran motivación. En este punto el aprendiz tal vez desee hacer mejoras al proceso. Ínstele a que lo haga, y al mismo tiempo, aprenda de él.

Paso 5: Yo multiplico. De todo el proceso, esta es mi parte favorita. Una vez que los nuevos líderes hacen bien el trabajo, es su turno para enseñar a otros a hacerlo. Como bien saben los maestros, la mejor manera de aprender algo es enseñándolo. Y lo hermoso de esto es que me da libertad para emprender más tareas de desarrollo importantes mientras otros llevan a cabo el entrenamiento.

Otórgueles las «tres grandes».

Todo el entrenamiento del mundo tendrá un éxito limitado si usted no da a sus hombres libertad para hacer el trabajo. Creo que si puedo conseguir a la mejor gente, impartirle mi visión, entrenarle en los fundamentos y luego dejarle que vuele sola, obtendré de ella grandes dividendos. Como lo comentó una vez el General George S. Patton: «Nunca le diga a la gente cómo hacer las cosas. Dígale lo que hay que hacer y le sorprenderán con su ingenuidad».

Usted no puede darle libertad a su gente sin que haya una estructura, pero desea darles suficiente libertad para que sean creativos. La manera de hacerlo es otorgándoles las «tres grandes»: responsabilidad, autoridad y rendición de cuentas.

A algunos líderes se les hace difícil permitir que sus subalternos conserven la responsabilidad una vez que ya se la han dado. Los malos gerentes desean controlar cada detalle del trabajo de su gente. Cuando eso sucede, los líderes potenciales que trabajan para ellos se frustran y no se desarrollan. En vez de desear más responsabilidad, se vuelven indiferentes o la evitan. Si quiere que sus empleados asuman responsabilidad, deléguela en ellos de verdad.

La responsabilidad debe ir acompañada por la autoridad. No habrá progreso a menos que las dos vayan de la mano. Winston Churchill dijo, mientras se dirigía a la Cámara de los Comunes durante la Segunda Guerra Mundial: «Yo soy su siervo. Ustedes tienen derecho a despedirme cuando lo deseen. A lo que no tienen derecho es a pedirme que cargue con la responsabilidad sin el poder de la acción». Cuando la responsabilidad y la autoridad van juntas, la gente recibe un poder genuino.

Hay un aspecto importante de la autoridad en el que debemos reparar. Cuando otorgamos por primera vez autoridad a líderes nuevos, en realidad les estamos *dando permiso para tener autoridad*, no *dándoles la autoridad misma*. La verdadera autoridad hay que ganársela.

Debemos dar a nuestros subordinados permiso para que desarrollen la autoridad. Esa es nuestra responsabilidad. Ellos, a su vez, deben asumir responsabilidad por habérsela ganado.

Me he dado cuenta de que existen niveles distintos de autoridad:

Posición. El tipo de autoridad más elemental proviene de la posición de una persona en la jerarquía de la organización. Esta clase de autoridad no se extiende más allá de los parámetros del contenido de trabajo. Es aquí donde comienzan todos los nuevos líderes. A partir de aquí pueden o bien ganar mayor autoridad, o minimizar la poca que han recibido. Depende de ellos.

Competencia. Este tipo de autoridad se basa en las habilidades profesionales de la persona, en su capacidad para realizar un trabajo. Los seguidores dan a los líderes competentes autoridad dentro de su área de pericia.

Personalidad. Los seguidores también otorgarán autoridad a partir de características personales, tales como personalidad, apariencia y carisma. Una autoridad basada en la personalidad es un poco más amplia que la basada en la competencia, pero realmente no es más avanzada, pues tiende a ser superficial.

Integridad. La autoridad basada en la integridad proviene de lo más profundo del individuo. Se basa en el carácter. Cuando los nuevos líderes adquieren autoridad basada en su integridad, han pasado a una etapa nueva de su desarrollo.

Espiritualidad. En los círculos seculares, pocas veces se considera el poder de la autoridad basada en la espiritualidad. Este tipo de autoridad proviene de las experiencias individuales de las personas con Dios y de su poder obrando a través de ellos. Es la forma de autoridad más elevada.

Los líderes deben ganarse la autoridad con cada nuevo grupo de personas. Sin embargo, me he dado cuenta de que una vez que los líderes han adquirido autoridad en un nivel específico, tardan muy poco en establecer ese nivel de autoridad con otro grupo de personas. Esto sucederá más rápidamente mientras más alto el nivel de autoridad.

Una vez que se ha otorgado a una persona responsabilidad y autoridad, ésta cuenta con el poder para hacer que las cosas sucedan, pero también necesitamos asegurarnos de que están haciendo que ocurran las cosas correctas. Es entonces cuando entra en escena la rendición de cuentas. Si les proveemos el clima apropiado, nuestro personal no temerá rendir cuentas. Admitirá los errores y los verá como parte del proceso de aprendizaje.

El papel del líder en la rendición de cuentas comprende dedicar el tiempo necesario para revisar el trabajo del nuevo líder, y hacerle una crítica honesta y constructiva. Es crucial que el líder muestre respaldo pero que sea honesto . Cuentan que cuando Harry Truman se vio en la responsabiliad de tomar la presidencia cuando murió el presidente Franklin D. Roosevelt, el entonces presidente de la Cámara de Representantes, Sam Rayburn, le dio un consejo paternal: «De aquí en adelante un montón de gente te estará rodeando. Tratarán de levantar un muro a tu alrededor, de aislarte de cualquier idea menos las suyas. Van a decirte qué gran hombre eres, Harry, pero tú y yo sabemos que no lo eres». Rayburn estaba recordándole al presidente Truman que debería rendir cuentas.

DÉLES LAS HERRAMIENTAS QUE NECESITAN

Otorgar responsabilidad sin recursos es ridículo; limita increíblemente. Abraham Maslow dijo: «Si la única herramienta que usted tiene es un martillo, tenderá a ver cada problema como si fuera un clavo». Si queremos que nuestro personal sea creativo e innovador, tenemos que proveer recursos.

Obviamente, las herramientas más elementales son equipos como máquinas copiadoras, computadoras y cualquier otra cosa que simplifique el trabajo. Debemos asegurarnos no sólo de proveer todo lo necesario para que un trabajo sea hecho, sino también proveer equipo que permita que cada tarea, especialmente las prioridades «B», se realicen más rápida y eficientemente. Procure esforzarse siempre con el fin de que el tiempo de sus subordinados quede libre para las cosas importantes.

Sin embargo, las herramientas incluyen mucho más que equipos. Es importante también proveer herramientas para el desarrollo. Dedique tiempo asesorando a la gente en áreas específicas en donde exista alguna necesidad. Esté dispuesto a invertir dinero en libros, casetes, seminarios y conferencias profesionales. Hay un tesoro de buena información a su alcance, y las ideas frescas externas a la organización pueden estimular el crecimiento. Sea creativo al proporcionar herramientas. Esto mantendrá a su gente creciendo y le equipará para hacer un buen trabajo.

Verifíquelos sistemáticamente

Creo que es importante el reunirme frecuentemente con cada uno de mis empleados. Me gusta hacer minievaluaciones todo el tiempo. Los líderes que ofrecen retroalimentación sólo durante las evaluaciones anuales formales se están buscando problemas. La gente necesita el estímulo de que se le diga asiduamente que está trabajando bien. También, cuando no está trabajando bien, necesita saberlo lo antes posible. Esto evita muchos problemas a la organización, y fortalece al líder.

Varios factores determinan con qué frecuencia debo verificar a mis empleados :

La importancia de la tarea. Cuando algo es clave para el éxito de la organización, me reúno con ellos a menudo.

Las exigencias del trabajo. Me ha dado cuenta de que si el trabajo es muy exigente, la persona que lo realiza necesita estímulo con más frecuencia.

La novedad del trabajo. Algunos líderes no tienen problemas acometiendo una nueva tarea, sin importar cuán diferente ésta sea de la anterior. Para otros es más difícil adaptarse. Acostumbro reunirme más con los que son menos creativos o flexibles.

La experiencia del empleado. Me interesa darle a los nuevos líderes todas las oportunidades posibles para que triunfen. Así que me reúno más a menudo con la gente nueva. De esa manera puedo ayudarles a anticipar problemas y puedo asegurarme de que tengan una serie de éxitos. Eso les hace ganar confianza.

La responsabilidad del empleado. Cuando sé que puedo darle a una persona una tarea y que siempre la va a cumplir, puede que no me reúna con él o ella hasta que haya terminado. Sin embargo, con personas menos responsables no me puedo dar ese lujo.

Mi enfoque en cuanto a verificar a mis empleados también varía de persona a persona. Por ejemplo, los novatos y los veteranos deben ser tratados de manera diferente, pero hay ciertas cosas que siempre hago, independientemente de cuánto tiempo lleve alguien trabajando conmigo: hablo sobre cómo se sienten; evalúo el progreso; ofrezco retroalimentación; y los estimulo.

Aunque no es muy frecuente, ocasionalmente me encuentro con un empleado cuyo progreso es escaso una y otra vez. Cuando esto ocurre, trato de determinar qué estuvo mal. Un rendimiento pobre es generalmente resultado de una de estas tres cosas: (1) no se ha asignado a la persona idónea para el trabajo; (2) entrenamiento o liderazgo inadecuado; o (3) deficiencias de la persona asignada. Antes de actuar, siempre trato de determinar cuál es el problema. Compruebo mis datos para estar seguro de que realmente hay una deficiencia de ejecución y no sólo un problema con mi percepción. Luego defino con toda la precisión posible cuál es la deficiencia. Por último, me reúno con la persona que no está rindiendo para escuchar la otra parte de la historia.

Una vez que he hecho mis averiguaciones, trato de determinar dónde está la deficiencia.

Si es un problema de idoneidad, le explico a la persona el problema, le traslado a donde sí pueda rendir, y le reitero mi confianza.

Si el problema implica aspectos del entrenamiento o de dirección, retrocedo y vuelvo a reformular cualquier paso que no se haya llevado a cabo adecuadamente. Una vez más, le informo al empleado cuál era el problema y le infundo bastante aliento.

Cuando el problema es la persona, me siento con él o ella y se lo hago saber. Aclaro muy bien donde están sus fallos y lo que debe hacer para superarlos. Entonces le doy otra oportunidad, pero también comienzo el proceso de documentación por si acaso tengo que prescindir de sus servicios. Deseo que él o ella triunfe, pero no espero demasiado antes de despedirle si no hace lo que tiene que hacer para mejorar.

Lleve a cabo reuniones periódicas de equipamiento

Aún después de haber completado la mayor parte del entrenamiento de su personal, cuando ya les esté preparando para llevarles a la próxima fase de crecimiento –el desarrollo– continúe teniendo reuniones periódicas de equipamiento. Estas reuniones ayudan a su gente a mantener el rumbo y a seguir creciendo, y les motivan a empezar a asumir la responsabilidad de equiparse a sí mismos.

Cuando preparo una reunión de equipamiento incluyo lo siguiente:

Buenas noticias. Siempre comienzo con una nota positiva. Paso revista a lo bueno que ha estado ocurriendo en la organización y dedico atención particular a sus áreas de interés y responsabilidad.

Visión. La gente puede involucrarse tanto en sus responsabilidades cotidianas que pierde de vista la visión que impulsa a la empresa. Aproveche la oportunidad de una reunión de equipamiento para volver a plantear dicha visión.

Contenido. El contenido dependerá de las necesidades de su gente. Trate de concentrar el entrenamiento en las habilidades que ayudarán a las personas con las áreas prioritarias, y oriente este entrenamiento hacia ellas, no hacia la lección.

Administración. Cubra los aspectos de la organización que brindan a la gente una sensación de seguridad y elogie a los líderes de estos aspectos.

Poder. Dedique tiempo para relacionarse con aquellos a quienes está equipando. Estimúleles a nivel personal. Y demuéstreles cómo la sesión de equipamiento les confiere poder para desempeñar mejor sus trabajos. Se marcharán de la reunión con espíritu positivo y listos para el trabajo.

El proceso total de equipamiento toma mucho tiempo y atención. Demanda más tiempo y dedicación del líder que equipa que si se diera un mero entrenamiento, pero el enfoque de este proceso es a largo plazo, no a corto plazo. En lugar de crear seguidores o incluso agregar nuevos líderes, multiplica a los líderes. Como he explicado antes, este proceso no termina hasta que la persona que equipa y el nuevo líder seleccionan a alguien más para que el nuevo líder lo entrene. Es sólo entonces cuando el proceso de equipamiento ha completado su ciclo. Sin un sucesor no puede haber éxito.

TERCERA PARTE

CAPACITANDO PARA EL SIGUIENTE NIVEL

6

¿CÓMO PUEDE UN LÍDER INSPIRAR A OTROS A LA EXCELENCIA?

La esencia de equipar a los demás es en realidad agregarles valor.

En 1296 el rey Eduardo I de Inglaterra reunió a un gran ejército y cruzó el límite de su propia nación rumbo a Escocia. Eduardo era un líder experimentado y un guerrero fiero. Siendo alto y fuerte, había adquirido su primera experiencia en combate a los 25 años de edad. En los años siguientes, se convirtió en un veterano curtido combatiendo en las Cruzadas en Tierra Santa.

A los 57 años, recién había conquistado victorias en Gales, aplastando a los galeses y anexándose sus tierras. Durante ese conflicto, su propósito había sido claro: dijo que se proponía «contener la imprudencia vigorosa de los galeses, castigar su presunción y hacerles la guerra hasta exterminarlos».[1]

Al invadir Escocia Eduardo intentaba doblegar de una vez por todas la voluntad de los escoceses. Anteriormente, se las había arreglado para convertirse en jefe supremo del territorio e instaurar allí a un rey débil, al que la gente de Escocia llamaba Toom Tabard, o «saco vacío». Eduardo entonces presionó al rey de paja hasta que éste se rebeló, dando al monarca inglés una razón para invadir el país. Los escoceses se desplomaron.

Surge un líder audaz

Eduardo saqueó el castillo de Berwick y masacró a sus habitantes. Otros castillos se rindieron en rápida sucesión. El rey de Escocia fue despojado de su poder, y muchos creían que el destino de los escoceses sería el mismo de los galeses. Mas no tenían en cuenta los esfuerzos de un hombre: Sir William Wallace, a quien aún hoy se venera como un héroe nacional en Escocia, pese a que falleció hace casi 700 años.

Si usted vio la película Corazón Valiente tendrá una imagen de William Wallace como un luchador fiero y decidido que valoraba la libertad por encima de todo. Se esperaba que su hermano mayor, Malcolm, como primogénito que era, siguiera los pasos de guerrero de su padre. William, como muchos segundones en esa época, había sido criado para ingresar al clero. Le enseñaron a valorar las ideas, incluyendo las de libertad. Sin embargo, Wallace se resintió contra el dominio opresivo inglés, después de que su padre fuera muerto en una emboscada y su madre obligada a vivir en el exilio. A los 19 años de edad, se convirtió en un combatiente cuando un grupo de ingleses trató de intimidarlo. Poco después de cumplir los veinte, William Wallace ya era un guerrero experimentado.

El pueblo asciende a un nivel superior

En los tiempos de William Wallace y Eduardo I, la guerra era generalmente menester de caballeros entrenados, de soldados profesionales y a veces de mercenarios a sueldo. Mientras mayor y más experimentado el ejército, mayor era su poder. Cuando Eduardo se enfrentó al ejército galés, que era menos numeroso, éstos tenían la batalla perdida de antemano. Y lo mismo se esperaba de los escoceses, pero Wallace tenía una cualidad inusitada. Galvanizó en torno a él a la gente común de Escocia, los hizo creer en la causa de la libertad y los inspiró y equipó para luchar contra la máquina de guerra inglesa profesional. Él engrandeció la visión de ellos y también sus capacidades.

William Wallace no pudo derrotar a los ingleses y ganar la independencia para Escocia. A los 33 años fue brutalmente ejecutado (se le trató mucho peor que como se describe en la película Corazón Valiente) pero su legado de engrandecimiento continuó. Al año siguiente e inspirado por el ejemplo de Wallace, el noble Robert Bruce reclamó el trono de Escocia y juntó no sólo a los campesinos, sino también a la nobleza. En 1314 Escocia por fin conquistó la independencia por la que tanto había luchado.

CARACTERÍSTICAS DE LOS LÍDERES QUE ENGRANDECEN

Los miembros de un equipo deportivo siempre aprecian y admiran a un jugador que sea capaz de ayudarles a ascender a un nivel superior, alguien que les engrandezca y les confiera poder para triunfar. Tales atletas son con como el pivot Bill Rusell, de los Boston Celtics y miembro del Salón de la Fama, quien dijo:

«La medida más importante de lo bien que he jugado un partido es saber cuánto mejor hice jugar a mis compañeros».

Los líderes que engrandecen a los demás miembros de su equipo tienen varias cosas en común:

Valoran a sus compañeros de equipo

El industrial Charles Schwab dijo: «No he encontrado aún a un hombre, por más elevado que fuese su puesto, que no haya hecho un mejor trabajo y aportado un mayor esfuerzo donde hay un espíritu de aprobación que donde hay un espíritu de crítica». Sus compañeros de equipo saben si usted cree en ellos. El rendimiento de una persona suele reflejar las esperanzas de aquellos a quienes respeta.

«La medida más importante de lo bien que he jugado un partido es saber cuánto mejor hice jugar a mis compañeros». —Bill Russell

---

Valoran lo que valoran sus compañeros de equipo

Los jugadores que engrandecen a otros hacen más que valorar a sus compañeros de equipo; entienden lo que éstos valoran. Aprenden a descubrir de qué hablan y observan para ver en qué gastan su dinero. Esa clase de conocimiento, junto con un deseo de relacionarse con los demás jugadores, crea un fuerte vínculo entre ellos, y hace posible la siguiente característica del que engrandece.

AGREGAN VALOR A SUS COMPAÑEROS DE EQUIPO

Agregar valor es en verdad la esencia de engrandecer a otros. Es hallar formas de ayudar a los demás a mejorar sus habilidades y actitudes. Un líder que equipa y engrandece a otros, identifica los dones, talentos y singularidades de otras personas, y entonces les ayuda a incrementar esas habilidades para su beneficio y para el beneficio de todo el equipo. Un líder que engrandece es capaz de llevar a los demás a un nivel totalmente nuevo.

SE HACEN MÁS VALIOSOS A SÍ MISMOS

Los que engrandecen trabajan para mejorarse a sí mismos, no sólo porque esto les beneficia personalmente, sino también porque les ayuda a ayudar a otros. Usted no puede dar lo que no tiene. Si desea incrementar la capacidad de sus compañeros, mejórese a sí mismo.

CÓMO CONVERTIRSE EN ALGUIEN QUE ENGRANDECE

Si usted desea ser el líder que engrandece un equipo, haga lo siguiente:

1. CREA EN OTROS ANTES DE QUE ELLOS CREAN EN USTED

Si desea ayudar a los demás a que mejoren, tendrá que convertirse en un iniciador. No puede replegarse. Pregúntese: ¿Qué tiene de especial, singular y maravilloso este jugador? Entonces comparta sus observaciones con la persona y con otros. Si usted cree en los demás y les presenta una reputación positiva que cuidar, podrá ayudarles a ser mejores de lo que creen que son.

2. Sirva a otros antes de que ellos le sirvan

Uno de los servicios más benéficos que usted puede realizar es ayudar a otros seres humanos a realizar su potencial. En su familia, sirva a su esposa. En los negocios, ayude a brillar a sus colegas. Y siempre que sea posible, conceda el mérito a otros por el triunfo del equipo.

3. Agregue valor a otros antes de que ellos le agreguen valor a usted.

Una regla básica de la vida es que la gente siempre se acercará a cualquiera que le haga crecer y se alejará de quienes le restan valor. Usted puede engrandecer a otros señalando sus puntos fuertes y ayudándoles a concentrarse en mejorar.

Desde que tenía uso de razón, un muchacho llamado Chris Greicius soñaba con ser policía algún día, pero un obstáculo grave se interponía entre él y su sueño. Tenía leucemia, y no se esperaba que llegara a adulto. Cuando tenía siete años, la batalla de Chris contra la enfermedad dio un giro hacia el empeoramiento, y fue entonces que un amigo de su familia, que era inspector de aduanas, procuró que el chico llegara a casi realizar su sueño. Este amigo llamó al oficial Ron Cox en Phoenix, Arizona, y acordaron que Chris pasaría un día con los oficiales del Departamento de Seguridad Pública de Arizona.

UNA REGLA BÁSICA DE LA VIDA ES QUE LA GENTE SIEMPRE
SE ACERCARÁ A CUALQUIERA QUE LE HAGA CRECER Y SE
ALEJARÁ DE QUIENES LE RESTAN VALOR.

Cuando llegó el día, tres autos del escuadrón y una moto-
cicleta de la policía conducida por Frank Shankwitz dieron
la bienvenida a Chris. Luego le invitaron a dar un paseo en
un helicóptero del departamento. Concluyeron la jornada
investiendo a Chris bajo juramento como el primer –y único– patrullero estatal honorario. Al día siguiente, Cox ges-
tionó la ayuda de la compañía que fabricaba los uniformes
para la Patrulla de Caminos de Arizona, y en veinticuatro horas la empresa le entregó a Chris un uniforme oficial de policía. Él estaba extasiado.

Dos días más tarde el chico falleció en el hospital, con su
uniforme cerca de su cama. Al oficial Shankwitz le entristeció la
muerte de su pequeño amigo, pero se sentía agradecido por haber tenido la oportunidad de ayudarle. Y también comprendió
que había muchos niños en circunstancias similares. Eso llevó a
Shankwitz a crear la fundación Make-A-Wish (Pide un deseo).
En los veinte años que transcurrieron desde entonces, él y su organización han engrandecido las experiencias de más de 80.000
niños.

No hay nada tan valioso –ni gratificante– como agregar valor a la vida de otros. Cuando usted ayuda a los demás a ascender a un nuevo nivel, también usted asciende.

7

¿CÓMO PUEDO AYUDAR A OTROS
A REALIZAR SU POTENCIAL?

*Tener a las personas idóneas en los puestos adecuados
es esencial para el éxito individual y colectivo.*

Si usted consigue desarrollar al personal de su organización y equiparle para dirigir, será un líder de éxito. Si usted los engrandece y motiva a obtener buenos resultados, le estarán agradecidos de tenerlo como líder. Y, para ser franco, usted habrá hecho más de lo que hacen muchos otros directivos. No obstante, todavía puede dar un paso más para ayudar a alguien a quien usted ha equipado, a realizar su potencial. Puede ayudarle a encontrar su lugar en la vida. Es muy bueno que un jugador pueda ocupar la plaza donde es capaz de agregar su máximo valor, pero es mejor si todos los jugadores de un equipo desempeñan los papeles que optimizan sus puntos fuertes: sus talentos, habilidades y experiencias. Esta última situación lleva a cada individuo –y a todo el equipo– a un nivel totalmente nuevo.

CUANDO LA GENTE ESTÁ EN EL LUGAR EQUIVOCADO

Casi todo el mundo ha experimentado el estar en algún tipo de equipo en el que había que desempeñar papeles que no se ajustaban al perfil de uno: un contador obligado a trabajar con el público todo el día; un jugador de baloncesto forzado a jugar como pivot; un guitarrista cubriendo al de los teclados; un maestro haciendo papeleo; un esposo que odia la cocina asumiendo el papel de cocinero.

¿Qué le sucede a un equipo cuando uno o más de sus miembros juegan constantemente «fuera de posición»? Primero, la moral decae, porque el equipo no está jugando al nivel de su capacidad. Además, sus miembros se resienten. Quienes trabajan en su área de debilidad resienten que no se exploten sus mejores capacidades. Y otros integrantes que saben que podrían estar cubriendo una plaza que ha sido mal asignada en el equipo, resienten que sus habilidades estén siendo ignoradas. Así, los individuos no tardan en perder el deseo de trabajar como equipo; la confianza de todos empieza a erosionarse, y la situación solo sigue empeorando. El equipo deja de progresar, y la competencia se aprovecha de sus obvias debilidades. Como resultado, el equipo nunca llega a realizar su potencial. Cuando un trabajador no está en el lugar en donde puede hacer las cosas mejor, éstas no salen bien, ni para el individuo ni para el equipo.

Tener a las personas idóneas en las posiciones adecuadas es esencial para el éxito individual y colectivo. Fíjese cómo cambia la dinámica de un equipo en relación con la ubicación de sus miembros:

La persona equivocada en la posición equivocada = Regresión

La persona equivocada en el lugar adecuado   = Frustración

La persona idónea en el lugar equivocado   = Confusión
La persona idónea en el lugar adecuado   = Progresión
Las personas idóneas en los lugares adecuados = Multiplicación

No importa con qué tipo de equipo esté usted tratando: los principios son los mismos. David Ogilvy acertó cuando dijo: «Un restaurante bien administrado es como un equipo de béisbol ganador. Saca el máximo partido del talento de cada jugador y aprovecha hasta las oportunidades de décimas de segundo para acelerar el servicio».

Hace unos años, me pidieron que escribiera un capítulo para un libro llamado *Destiny and Deliverance* (Destino y liberación), relacionado con la película de dibujos animados de la compañía Dreamworks, El príncipe de Egipto. Fue una experiencia maravillosa y que disfruté mucho. Durante el proceso de redacción, me invitaron a ir a California y ver partes de la cinta, que todavía estaba en producción. Eso me hizo desear hacer algo que nunca había hecho: asistir al estreno de una película en Hollywood.

Mi editor se las arregló para conseguirme un par de invitaciones para el estreno, y cuando llegó la hora, mi esposa, Margaret, y yo, salimos hacia el evento. Nos la pasamos muy bien. Fue un evento lleno de energía, estrellas de cine y cineastas. Margaret y yo disfrutamos inmensamente de la película y de toda la experiencia.

Ahora bien, cualquiera que haya asistido conmigo a un evento cinematográfico, teatral o deportivo conoce mi costumbre. Tan pronto estoy seguro del resultado de un partido de béisbol, corro a buscar la salida para adelantarme a la multitud. Cuando el público de Broadway está ovacionando al elenco, yo ya me fui. Y tan pronto comienzan a aparecer los créditos de una película, me levanto de mi asiento. Cuando *la película El Príncipe de Egipto* estaba llegando al final, empecé a prepararme para levantarme, pero en la sala no se movió ni una persona. Y entonces algo sorprendente sucedió. Mientras aparecían los créditos, el público empezó a aplaudir a los individuos menos conocidos, cuyos nombres iban surgiendo en la pantalla: el diseñador de vestuario, el jefe de escena, el tramoyista principal, el asistente de dirección. Fue un momento que nunca olvidaré, y un gran recordatorio de que todos los jugadores tienen un lugar en el que agregan su máximo valor. Esto no sólo ayuda a las personas a alcanzar su potencial, sino que fortalece al equipo. Cuando cada uno hace la tarea que mejor sabe hacer, todos ganan.

Poner a cada uno en su lugar

El entrenador Vince Lombardi, un campeón de la Liga Nacional de Fútbol Americano (NFL), dijo: «Los logros de una organización, son el resultado del esfuerzo combinado de cada individuo». Eso es cierto, pero para crear un equipo ganador no basta con tener a los individuos idóneos. Aún en el caso de que usted cuente con un gran grupo de individuos talentosos, si cada persona no está haciendo aquello que agrega su máximo valor al equipo, éste no alcanzará su potencial como equipo. Ahí radica el arte de dirigir un equipo. Usted tiene que poner al personal en su lugar, ¡y lo digo en el sentido más positivo!

Sin embargo, para llevar a su gente al siguiente nivel, ubicándoles en las plazas donde van a utilizar sus talentos y optimizar el potencial del equipo, se necesitan tres cosas. Usted deberá...

1. CONOCER AL EQUIPO

Usted no puede conformar una organización o equipo ganador si no conoce su visión, propósito, cultura o historia. Si usted no sabe adónde se dirige el equipo – y por qué está tratando de llegar allí– no podrá elevarlo hasta la altura de su potencial. Tiene que empezar por dónde se encuentra el equipo en realidad, y sólo entonces podrá conducirlo a algún destino.

2. CONOCER LA SITUACIÓN

Aunque la visión o el propósito de una organización pueden ser bastante estables, su situación cambia constantemente. Los buenos formadores de equipos saben dónde se encuentra su equipo y y qué demanda su situación. Por ejemplo, cuando un equipo es joven y está comenzando, la prioridad número uno suele ser el conseguir la mejor gente; pero en la medida en que éste madura y el nivel de talento se incrementa, lograr una mejor coordinación se torna más importante. Es en ese momento que un líder debe dedicar más de su tiempo a incorporar a cada persona en su posición.

3. Conozca al jugador

Parece obvio, pero usted debe conocer a la persona a quien está tratando de ubicar en la posición adecuada. Lo menciono porque los líderes tienden a querer que todos los demás se conformen a su imagen, y que enfrenten su trabajo con las mismas habilidades y métodos de solución de problemas que ellos. Mas formar un equipo no es lo mismo que trabajar en una cadena de montaje.

La Madre Teresa de Calcuta, que trabajó toda su vida con la gente, dijo: «Yo puedo hacer lo que usted no puede, y usted puede hacer lo que yo no puedo: juntos podemos hacer grandes cosas». Mientras usted trabaja en la formación de un equipo, fíjese en la experiencia, las habilidades, el temperamento, la actitud, la pasión, la capacidad para relacionarse, la disciplina, la fortaleza emocional y el potencial de cada persona. Sólo entonces estará listo para ayudar a uno de los integrantes a encontrar su lugar ideal.

«Yo puedo hacer lo que usted no puede, y usted puede hacer lo que yo no puedo: juntos podemos hacer grandes cosas». —Madre Teresa

---

Comience por buscar el lugar ideal para usted

Puede que ahora mismo usted no se encuentre en posición de ubicar a otros en su equipo. De hecho, podría estar pensando para sí: *¿Cómo encuentro mi propio lugar?* Si ése es el caso, siga estas pautas:

- SEA SEGURO: Mi amigo Wayne Schmidt dice: «La competencia personal no compensa en ninguna medida la inseguridad personal». Si permite que sus inseguridades le roben lo mejor de usted, será inflexible y renuente al cambio. Y no podrá crecer con el cambio.

- APRENDA A CONOCERSE: Usted no podrá encontrar su lugar si no conoce sus puntos fuertes y débiles. Dedique tiempo a reflexionar sobre sus dones y a explorarlos. Pídale a otros retroalimentación. Haga lo que se necesite para erradicar los puntos ciegos de su personalidad.

- CONFÍE EN SU LÍDER: Un buen líder le ayudará a empezar a avanzar en la dirección correcta. Si no confía en su líder, busque la ayuda de otro mentor. O cámbiese de equipo.

- FÍJESE EN LA VISTA PANORÁMICA: Su lugar en el equipo sólo tiene sentido en el contexto de la vista panorámica. Si su única motivación para encontrar su lugar es la ganancia personal, sus motivos pobres podrían impedirle descubrir lo que desea.

- APÓYESE EN SU EXPERIENCIA: La única manera de saber si usted ha descubierto su lugar, es intentando hacer lo que parece correcto y aprender de sus fracasos y sus éxitos. Cuando descubra para qué fue creado, su corazón cantará: «No hay lugar como este lugar en ninguna parte cerca de aquí, ¡así que éste debe ser mi lugar!»

Un lugar para todos y todos en su lugar

Una organización que se esfuerza por ubicar a su gente en la posición idónea para cada uno, son las Fuerzas Armadas de E.U.A. Esto es verdad particularmente ahora que emplean a un personal absolutamente voluntario. Si cada una de las diversas funciones de un mando militar no se ejecutan con la mayor eficiencia (e interactúan bien con las demás partes) entonces ocurren problemas terribles.

Cuando descubra su lugar, su corazón cantará: «No hay lugar como este lugar en ninguna parte cerca de aquí, ¡así que éste debe ser mi lugar!»

Nadie está más consciente de eso que un piloto de combate. Por ejemplo, Charlie Plumb, quien se retiró con el grado de capitán de la Marina de Estados Unidos. Tras graduarse en la Academia Militar de Annapolis, Maryland, prestó servicio en Vietnam a mediados de los años 60, y voló 75 misiones desde el portaaviones USS *Kitty Hawk*.

Un portaaviones es un lugar donde usted puede observar bien cómo las piezas del «rompecabezas» militar caen en su lugar para respaldarse mutuamente. Se le suele describir como una ciudad flotante. Lleva una tripulación de 5.500 personas, una población mayor que la de algunos de los pueblos donde se criaron sus tripulantes. Este portaaviones debe bastarse a sí mismo, y cada uno de sus 17 departamentos debe funcionar como un equipo que cumple con su misión. Al mismo tiempo, esos equipos deben trabajar coordinadamente como un solo equipo.

Cada piloto está muy consciente del esfuerzo colectivo que se necesita para hacer que un jet vuele. Se requieren cientos de personas encargadas de decenas de especialidades técnicas para lanzar, monitorear, apoyar, aterrizar y mantener a una aeronave. Y aún más son los que participan si el avión está armado para el combate. Sin duda, Charlie Plumb estaba consciente de que muchos trabajaban incansablemente para mantenerle volando. Mas a pesar de los esfuerzos del equipo de apoyo aéreo, que era el mejor entrenado del mundo, Plumb fue a dar en una prisión norvietnamita como prisionero de guerra luego que su F-4 Phantom fuera derribado el 19 de mayo de 1967, durante su 75va misión.

Siguió preso durante seis años abrumadores, en los cuales pasó parte de ese tiempo en el infame Hanoi Hilton. Durante esos años él y sus compañeros de cautiverio fueron humillados, torturados, mal alimentados y obligados a vivir en condiciones escuálidas, pero él no permitió que la experiencia le doblegara. Ahora él dice: «Nuestra unidad mediante la fe en Dios y el amor por la patria fue la fuerza principal que nos mantuvo con vida a lo largo de un período muy difícil».

Momento crucial

Plumb fue liberado el 18 de febrero de 1973, y continuó su carrera en la Marina, pero años después de su regreso a Estados Unidos un incidente marcaría su vida tanto como su cautiverio. Un día él y su esposa, Cabby, estaban cenando en un restaurante cuando un hombre se acercó a la mesa y dijo: «Usted es Plumb. Usted volaba aviones de caza en Vietnam».

«Sí señor», respondió Plumb, «es cierto».

«Era el escuadrón 114 de caza, que iba en el *Kitty Hawk*. Le derribaron y se lanzó en paracaídas. Cayó en manos del enemigo», continuó diciendo el hombre. «Pasó seis años como prisionero de guerra».

El ex piloto estaba perplejo. Escudriñó al hombre tratando de identificarle, pero no lo logró. «¿Y cómo sabe usted todo eso?», finalmente preguntó Plumb.

«Yo empaqué su paracaídas».

Plumb estaba asombrado. A duras penas atinó a ponerse en pie y estrechar la mano del hombre. «Déjeme decirle», expresó, «muchas veces he orado dando gracias por la agilidad de sus dedos, pero nunca pensé que tendría la oportunidad de agradecerle personalmente».[1]

¿Qué habría ocurrido si la Marina hubiese ubicado a la persona equivocada en la posición de empacador de paracaídas, ese anónimo y rara vez reconocido trabajo que aquel hombre había desempeñado durante la Guerra de Vietnam?

Charlie Plumb no lo habría sabido hasta que fuera demasiado

tarde. Y ni siquiera hubiese sabido dónde había tenido lugar el fallo, pues Plumb no hubiera vivido para contarlo.

Hoy, Charlie Plumb es un orador motivacional ante las compañías del grupo bursátil Fortune 500, organismos del gobierno y otras entidades. A menudo cuenta la historia del hombre que empacó su paracaídas, y la utiliza para comunicar un mensaje sobre el trabajo en equipo: «En un mundo donde las reducciones nos obligan a hacer más con menos, debemos dotar de poder al equipo. "Empacar los paracaídas de otros" puede hacer un cambio en la sobrevivencia ¡La de nosotros y la de nuestros equipos!»[2]

Si después de haber equipado a sus subordinados desea empacar sus paracaídas, encuentre el lugar correcto en el que ellos van a prosperar. Esta es la mejor forma de dotarlos de poder. Entonces crecerán hasta su potencial, y su equipo terminará ascendiendo a un nivel totalmente nuevo.

Notas

Capítulo 2

1. Don Banks, «Teacher First, Seldom Second, Wootten Has Built Monument to Excellence at Maryland's DeMatha High», *St. Petersburg Times*, abril 3, 1987, www.dematha.org.
2. John Feinstein, «A Down-to-Earth Coach Brings DeMatha to New Heights», *Washington Post*, febrero 27, 1984, www.dematha.org.
3. Morgan Wootten and Bill Gilbert, *From Orphans to Champions: The Story of DeMatha's Morgan Wootten* (New York: Atheneum, 1979), 24-25.
4. William Plummer, «Wootten's Way», *People*, noviembre, 20, 2000, 166.
5. Wootten and Gilbert, *From Orphans to Champions*, 12-13.

Capítulo 4

1. John C. Maxwell, *Actitud de vencedor: La clave del éxito personal* (Nashville, Tennessee: Thomas Nelson, 1993).

Capítulo 6

1. «Edwardian Conquest», junio 14, 2001, www.britannia.com/wales.

Capítulo 7

1. «Packing Parachutes», extracto de casete, <www.charlieplumb.com>.
2. «Charlie Plumb's Speech Content», <www.charlieplumb.com>.

Acerca del Autor

John C. Maxwell es un reconocido experto en liderazgo a nivel internacional, orador y autor que ha vendido más de 19 millones de libros. Es el fundador de EQUIP, una organización sin fines de lucro que ha capacitado a más de 5 millones de líderes en 126 países por todo el mundo. Anualmente habla a los líderes de diversas organizaciones, tales como compañías de la lista Fortune 500, gobiernos extranjeros, la Liga Nacional de Fútbol Americano, la Academia Militar de Estados Unidos en West Point y las Naciones Unidas. Un autor de *best sellers* del *New York Times*, *Wall Street Journal* y *Business Week*, Maxwell ha escrito tres libros que han vendido cada uno más de un millón de ejemplares en inglés: *Las 21 leyes irrefutables de liderazgo, Desarrolle el líder que está en usted* y *Las 21 cualidades indispensables de un líder*. Se puede leer su blog en JohnMaxwellOnLeadership.com y seguirle en Twitter.com/ JohnCMaxwell.